마음을 흔드는 영업의 법칙

TOP SECRET

극소심남을 영업왕으로 만든
4·단·계 상·담·술

마음을
흔드는
영업의
법칙

TOP SECRET

와타세 켄 지음 | **화성네트웍스** 옮김

유아이북스
Ultimate Information

마음을 흔드는 영업의 법칙

1판 1쇄 발행 2015년 11월 20일
1판 5쇄 발행 2023년 9월 25일

지은이 와타세 켄
옮긴이 화성네트웍스
펴낸이 이윤규

펴낸곳 유아이북스
출판등록 2012년 4월 2일
주소 서울시 용산구 효창원로 64길 6
전화 (02) 704-2521
팩스 (02) 715-3536
이메일 uibooks@uibooks.co.kr

ISBN 978-89-98156-49-7 03320
값 13,500원

* 이 도서의 국립중앙도서관 출판시도서목록(CIP)은 서지정보유통지원시스템 홈페이지(http://
  seoji.nl.go.kr)와 국가자료공동목록시스템(http://www.nl.go.kr/kolisnet)에서 이용하실 수 있습
  니다. (CIP제어번호: CIP2015027035)

노력보다 요령이 필요하다

영업은 무척 신기한 직업입니다.

누구도 노력을 알아주지 않습니다. 결과만이 가치를 증명하지요. 아무리 열심히 해도 정작 판매 실적이 다른 사람보다 좋지 않으면 실력이 형편없다는 평가를 받고, 그리 열심히 하지 않아도 결과만 나온다면 훌륭한 세일즈맨이라고 인정받는 게 현실입니다.

저는 지금까지 정말 열심히 노력했음에도 불구하고, 주위 평가로 인해 자신감을 잃고 그만두는 세일즈맨을 수도 없이 봐 왔습니다. 이렇게 말하고 있는 저 또한 벼랑에 몰리기 직전에 간신히 버텨낸 적이 있었습니다. 아마도 그때 포기하고 그만두었다면, 지금

제 인생은 없었을 겁니다. 아마도 영업직에는 종사하지 않았을 테니까요. 그렇게 생각하면 두려움마저 밀려옵니다. 영업은 첫 실적으로 그 후의 인생까지 좌우될 수 있기 때문입니다.

소위 영업을 잘할 것 같은 성격이라고 해서 영업을 잘하는 건 아닙니다. 넉살 좋은 사람이라도 요령이 부족해 실적 없는 세일즈맨이라고 낙인찍힌 사람도 있을 것입니다. 그것은 당사자뿐만 아니라 회사에 있어서도 불행한 일이 아닐 수 없습니다.

이 책은 열심히 노력해도 실적이 없어 고민 중인 사람에게 강력히 추천합니다. 영업을 포기하려는 순간이라도 책에서 소개하는 방법을 꼭 시도해 보길 바랍니다. 그런 다음에 정말 자신이 영업에 적합한지 여부를 판단해도 늦지 않습니다.

제가 이렇게 자신 있게 이야기하는 이유가 있습니다.

저는 사이런트 세일즈 트레이너Silent Sales Trainer란 직함을 달고 사내 교육을 하고 있습니다. 내성적이고 영업과 맞지 않는다고 여겨지는 사람들을 대상으로 영업기술을 가르치는 일입니다. 이런 특별한 역할을 하는 이유가 있습니다. 저 스스로도 회사 내에서 손꼽힐 정도로 소심한 세일즈맨이기 때문입니다. 하지만 일본의 대표적인 종합미디어 기업인 리쿠르트에서 전국 최고의 세일즈맨이기도 합니다.

사회생활 초기에 최악의 평가를 받던 제가 영업을 잘하기 위해 성격을 뜯어고치지는 않았습니다. 오히려 제 성격을 살려 실적을 올려 왔습니다. 이 책은 제 경험으로 얻은 노하우가 실려 있습니다. 이름하여 '4단계 영업상담 기술'입니다.

　사람에게는 여러 성격이 있고, 개성도 저마다 다릅니다. 영업에도 자신에게 맞는 방법이 있습니다. 그래서 영업기술엔 모든 유형에 딱 맞는 정답이 없는 것입니다. 때문에 누군가 일률적인 영업스타일을 강요하면 낙오하는 사람이 나오는 것은 어찌 보면 당연한 일입니다.

　저도 상사에게 "영업은 이렇게 해야 해!"라는 식으로 강요당했더라면 세일즈맨 생활을 애초에 그만두었을 겁니다. 다행히 저는 물건이나 서비스를 팔고 못 팔고는 성격이나 영업기술과는 상관없다는 사실을 인내와 경험을 통해 일찍 터득했습니다. 그 깨달음이 결과를 내서 자신감을 얻어 현재의 제가 될 수 있었습니다.

　세일즈맨의 실력은 종이 한 장 차이입니다.

　유능한 세일즈맨이 될지 안 될지는 자신 안에 있는 아주 작은 스위치를 알아채는가에 달렸다 해도 과언이 아닙니다. 그 스위치를 찾아낸다면 그 누구라도 톱 세일즈맨이 될 수 있습니다. 여러분이 바뀌면 고객 쪽에서 먼저 웃는 얼굴로 "살게요"라고 말하게 되는 것입니다. 이 책을 통해 정신적인 스트레스를 최소화하며 결과에 집중할 수 있는 방법을 꼭 익히길 바랍니다. 유능한 세일즈맨이 되면, 미래의 가능성도 엄청나게 넓어집니다.

와타세 켄渡瀬 謙

2장 본격적인 4단계 영업상담 기술 들어가기

4 1단계: 아이스브레이크

5 2단계: 히어링

1장
실적이 없다면
당신의 영업 방식은 틀렸다!

유능한 세일즈맨은 무엇이 다른가?

무능한 세일즈맨은 왜 열심히 해도 팔지 못할까?

올바른 영업 방식은 무엇일까?

4단계 영업상담 기술에 그 해답이 있다.

1

말 잘하는
세일즈맨의 함정

내성적인 사람은
열심히 해도 팔지 못한다?

당시 저는 완전히 막다른 골목에 봉착해 있었습니다.

아무리 열심히 해도 하나도 팔 수 없었습니다. 입사해서 약 반년이 지났는데도, 제 매상은 거의 제로 상태였습니다. 이대로는 안된다는 기분에 초조해졌습니다.

'애초에 이 회사에 들어온 게 잘못 아닐까?'

리쿠르트라는 회사는 소위 군대식 영업으로 유명한 곳이었습니다. 일사불란하고 강력한 영업력을 바탕으로 성장해 온 곳이었죠. 이런 조직에 저는 애초부터 어울릴 수 없는 사람이었을지도 모릅니다. 왜냐하면 저는 앞에 '초超'를 붙여도 좋을 만큼 극도로 내성적인 성격이기 때문입니다.

특히 저는 말주변이 없습니다. 그래서 누구에게나 말을 쉽게 걸지 못했답니다. 사람을 앞에 두면 극도로 긴장하기도 했죠. 그야말로 대인관계가 서툰 성격이라고 할 수 있습니다. 밝고 적극적인 다른 동기들과는 180도 달랐습니다.

세일즈맨 성격을 발휘하는 다른 사람들은 정말 실적이 좋았습니다. 벽에 크게 붙어 있는 개별 매상그래프에는 제 이름이 있는 곳 외에는 별 모양 스티커가 크게 반짝거렸습니다. 가장 매상이 높은 세일즈맨 자리의 천장에는 현수막까지 달려 꼭 고등학교 축제 분위기를 자아냈습니다. 제 책상 주변은 썰렁했지요.

지금 와서 생각하면 정말 소름 끼치는 광경입니다.

'그래도 입사했으니 결과는 내야지'라고 생각은 했습니다. 저도 제 나름대로 열심히 노력했습니다. 문제의 원인은 말주변에 있다고 보고 별의별 연습을 다 했습니다. 토크 연습을 다른 사람의 두 배로 한 것입니다. 집에 와서도 욕조 속에서 상품 설명을 읊조리고 거울을 보며 웃는 인상을 만드는 연습도 했습니다.

그렇게 다른 사람과 같이 밝은 성격에 말 잘하는 세일즈맨이 되고자 필사적으로 노력했습니다. 내가 그렇게 바뀌면 실적이 올라갈 것이라고 믿고 있었습니다. 지금 생각하면 큰 착각이었지만….

성격 문제로 사내에 적응하지도 못하고 영업직으로서의 책임과 의무인 '파는' 것도 못하는 저는 스스로 지쳐 갔습니다. 소용없는 노력을 계속하는 것도 한계에 와 있었습니다.

'역시 난 영업은 무리야, 그만 포기하자'하고 마음을 정했을 때 운명을 바꿀 기회가 왔습니다.

운명을 바꾼
대발견!

지쳐 있던 저에게 상사가 이렇게 제안했습니다.

"컨디션이 안 좋은 것 같은데 내일 같이 영업하러 가 볼래?"

영업에 동행하자는 권유였습니다. 어깨가 쳐져 있는 저를 신경 써 준 그의 배려가 솔직히 너무 고마웠습니다. 하지만 제 마음은 그때까지만 해도 회의로 가득했답니다. '당신이 영업하는 방법을 봐도 소심한 내겐 참고가 되진 않아'라고 생각했습니다.

그럴 것이 그는 호감형에다가 당시 영업소에서 압도적인 영업 실적을 자랑했습니다. 밝은 성격에 카리스마까지 갖춘 인물이었습니다. 어차피 저는 흉내도 못 낼 모습을 보여줄 것이라고 생각했지요. 그렇게 되면 제 기분은 괜히 더 침울해지기만 할 것이라고 예상했습니다. 그렇다고 고마운 제안을 거절할 수는 없었습니다. 그래서 다음날 함께 현장에 나갔습니다.

도착해서 응접실로 안내를 받고 상담이 시작되었습니다. 그런데 이상했습니다. 그날은 상사의 평소 모습 같지 않았습니다. 사무실에서 항상 보이던 웃는 얼굴도 아니고, 목소리의 톤도 가라앉아 있었습니다. 잡담은 덤덤하게 오갔고, 대화가 끊기듯이 침묵만이 오갈 때도 많았습니다.

'이런 어두운 분위기에서 상품이 팔릴 리가 없어.'

저는 그렇게 생각했습니다.

그런데 잠시 후에 이상한 일이 벌어졌습니다. 상사가 물건을 팔아달라고 이야기하지도 않았는데 고객이 먼저 "이거 사겠습니다"라고 말하는 것입니다. 어안이 벙벙한 제 옆에서 그는 담담하게 주문서에 세부사항을 기입하기 시작했습니다.

'이건 아마 요행이겠지. 이런 영업으로 물건을 팔다니 분명 우연이야.'

처음에는 그렇게 생각했습니다.

그런데 그 우연이 이후에도 계속됐습니다. 그날 세 곳을 돌았는데 모든 회사로부터 주문을 받았습니다. 앞서 말한 대로 모두 어두운 톤으로 말입니다.

리더의 영업스타일은, 제가 알고 있던 스타일과는 정반대였습니다. 밝고 활기찬 목소리에 입담 좋을 것이라는 톱 세일즈맨의 이미지와는 크게 동떨어져 있었습니다. 저에게는 정말 충격적이었습니다.

과정이야 어쨌든 결과만 보면 그는 누구보다 판매 성사율이 좋았습니다. 그렇습니다. 냉정하게 생각해 보면 영업은 어떻게 행동하느냐 보다 결과가 중요한 것이었습니다.

극단적으로 말하자면 결과만 낸다면, 어떤 방법이라도 괜찮다는 것입니다. 물론, 법률이나 도덕에 위반되지 않는 범위 내의 이야기입니다.

'저런 영업스타일로 어떻게 팔았지? 분명 이유가 있을 거야!'

이런 사고의 전환이 지금의 저를 만들어 준 원점이 되었습니다.

잘 말하는 것, 밝게 행동하는 것 등은 영업의 표면적인 부분에만 집중했던 저의 편견이었습니다. 이후에 저는 좀 더 제 내면에 눈을 돌리기 시작했습니다.

또한 판매 실적이 우수한 영업사원들에게 상담에 동행하게 해 달라고 닥치는 대로 부탁하고 다녔습니다. 우수한 영업사원들에게는 분명 눈에 보이지 않는 공통된 비결이 있을 것이라고 생각했지요. 그래서 제 스스로를 돌아보는 동시에 잘나가는 세일즈맨들의 공통점이 무엇인지를 찾으려고 했습니다.

깨달은 바는 곧바로 제 영업 현장에서 시험해 보았습니다. 시행착오를 거쳐 저는 천천히 핵심에 가까워지고 있었습니다. 여러 상황에 대한 요령들이 생기면서 성과도 보이기 시작했습니다. 그때까지 실적을 내지 못한 쓸모없는 영업사원이었던 제가 드디어 매상을 올리기 시작한 것입니다.

성격에 좌우되지 않는
영업기술

한번 바람을 타기 시작하니 멈춰지지 않았습니다. 입사해서 6개월간 실적이 없었는데, 매상을 올리기 시작한 후 4개월 동안 급속도로 매상이 올랐습니다. 입사 10개월째에는 리쿠르트 전국 세일즈맨 중에서 최고 실적을 올리게 되었습니다.

이 사실에 주변에서도 매우 놀랐지만, 누구보다 놀란 건 제 자신이었습니다. 그렇게나 연습했던 세일즈 화법과 밝고 경쾌해 보이는 행동들은 상사의 영업스타일을 본 이후 포기했습니다. 대신 자연스러운 제 본연의 모습으로 상담에 임하고자 노력했습니다.

계속 해왔던 노력을 그만둠으로써 성과가 올랐다는 사실은 정말 아이러니였습니다. 저는 제 본연의 모습인 초超내성적인 성격 그대로 영업에 임했습니다.

그 충격의 상담 현장을 본 이후, 다른 우수한 세일즈맨의 영업 패턴을 관찰한 결과였지요. 제가 쫓아가 목격한 톱 세일즈맨 중에는 제 상사처럼 조용하게 상담을 하는 타입도 있고, 밝고 활기찬 유형도 있었습니다. 성격도 화법도 다르고, 언뜻 보면 공통점은 없어 보이는 사람들이었습니다.

그러나 저는 발견할 수 있었습니다. 상담의 비결을 말이죠. 이것만 알면, 저처럼 내성적인 성격인 데다 말을 더듬어도 높은 실적을 올리는 영업사원이 될 수 있습니다. 다시 말하지만 성격과 기술에 상관없이 여러분은 최고의 세일즈맨이 될 수 있습니다.

실적이 없어서 고민하는 세일즈맨뿐만 아니라, 열심히 해도 결과를 내지 못하는 부하직원을 둔 상사에게도 이 사실을 꼭 알려주고 싶습니다.

제가 경험을 통해 터득한 노하우를 마스터하면 누구나 자기 자신의 영업스타일에서 고칠 점을 알 수 있습니다. 동시에 타인의 영업스타일의 좋고 나쁜 점도 볼 수 있게 됩니다. 여러분이 상사라면 부하의 결점을 정확하게 발견할 수 있기 때문에 적절한 지시를 내릴 수 있습니다. 방법을 몰라 실력 발휘를 못하는 부하직원에게

"더 열심히 해!", "억지로라도 팔고 와!" 같은 말은 의미가 없습니다. 대책 없이 정신적인 면에만 호소하는 말은 오히려 부담만 줄 뿐입니다.

서비스나 물건을 팔기 위해 정말로 열심히 해야 하는 일은 여러분이 지금까지 몰랐던 곳에 있을 수 있습니다. 판매율이 높은 상담에는 어찌 됐든 명확한 룰이 존재합니다. 그리고 유능한 세일즈맨은 무의식적으로라도 그것을 지키고 있습니다.

여기까지 보면, 뭔가 어렵다고 느낄 수도 있습니다. 안심하세요. 이런 저도 했으니까요.

제가 알려드리는 노하우는 억지로 잡담을 나눠야만 하는 특정한 화법을 사용하지 않아도 되고, 고도의 테크닉을 연습할 필요도 없습니다. 간단하게 내일부터라도 당장 실천할 수 있는 것이 제 영업기술의 특징입니다.

좀 더 구체적으로 말하면 아무리 무능한 세일즈맨이라도 게으르지 않고 열심히 뛰고 있다면 이 책에 쓰인 내용 중 7할 정도는 이미 실천하고 있는 것입니다. 문제는 나머지 3할이지만 말입니다. 아무리 매상이 좋지 않다고 해도 그동안의 노력이 제로가 되지 않습니다. 지금까지 해 온 것이 결코 쓸모없는 것이 아니란 이야기입니다.

여러분이 실천하고 있는 부분은 그대로도 괜찮습니다. 나머지 잘 안 되는 부분만 약간 수정할 뿐입니다. 최소한의 수고로 유능한 세일즈맨의 대열에 곧바로 낄 수 있습니다. 제가 진행하고 있는 두 시간짜리 세미나에 참가한 것만으로 바로 요령을 파악해서 결과를 낸 사람들이 많이 있습니다. 그만큼 간단한 방법입니다.

아마 이 책을 다 읽을 때쯤이면, 내용에 담긴 기술을 곧바로 실천해 보고 싶은 충동에 사로잡힐 것입니다. 그런 여러분의 모습을 상상하면 저까지 두근두근 마음이 설렙니다.

그럼, 슬슬 본론으로 들어가 볼까요?

2

무엇이
잘못됐을까?

실적이 없으면
모두 무능한 세일즈맨일까?

'이만큼 열심히 하는데, 언젠간 팔리겠지.'(무능한 세일즈맨)

'쟤는 정말 열심이라 너무 대단해. 그래서 이게 팔리면 좋을 텐데.'(무능한 세일즈맨의 상사)

일을 열심히 하는 것. 그것은 매우 훌륭한 일입니다. 목표를 향해 노력하는 사람을 보면 무의식적으로 응원하고 싶어집니다.

하루 100건의 전화영업과 100명의 고객 만나기를 반복하며 밤늦게 회사로 돌아와서 상품 설명 연습을 하는 세일즈맨이 있습니다. 그는 막차 전철 시간에 쫓겨 서둘러 그날의 영업일지를 작성하고 집은 씻고 자기 위해 갈 뿐입니다. 이렇게 열심인 세일즈맨을 여러분은 어떻게 생각합니까?

'그런 건 아무래도 좋으니, 빨리 본론으로 들어가!'

여러분의 마음의 소리가 여기까지 들립니다.

저도 빨리 본격적인 이야기를 하고 싶은 마음이 굴뚝같습니다. 하지만 그것을 참고 있는 데에는 이유가 있습니다.

제가 주장하는 4단계 영업상담 기술은 본래 당연하다고 여겨져 왔던 영업스타일을 부정하는 요소가 있습니다. 말하자면 영업의 상식에 얽매이지 않습니다. 때문에 섣불리 본론부터 말하면 반감을 살 수도 있습니다. 그렇게 되면 저도 여러분도 무척 아쉬울 뿐입니다.

그래서 이 장에서는 이전의 영업스타일을 냉정하게 다시 한번 확인하는 것부터 시작하겠습니다. 지금까지 아무런 의심도 없이 해 왔지만, 정말로 괜찮았던 방법이었는지 본래 영업이 해야 할 일을 다시 정리하는 자리라고 할 수 있습니다. 이야기 도중에 지금까지 여러분이 열심히 해 왔던 것을 부정하는 부분도 나올 수 있다는 점을 미리 말씀 드립니다.

우선 언제부터인가 당연시 여겨져 왔던 영업의 고정관념을 꼬집어 봅시다.

열심히 하는데도 실적이 없는 세일즈맨은 비즈니스 세계에서는 존재 가치를 인정받지 못합니다. 그 냉혹한 세계에서는 주어진 일을 못하는 사람은 일을 하고 있지 않는 것과 똑같은 취급을 받습니다. 냉정하게 말하면 열심히 한다면서 자신이 엄청난 일을 하고 있다고 생각하는 것은 큰 착각입니다. 세일즈맨이 이런 마음을 갖는다면 가치 없는 노력으로 자기만족만 하는 무능한 세일즈맨일 뿐입니다.

'그러니까 팔기 위해 열심히 하는 거잖아!'

이런 반론도 있을 수 있습니다. 하지만 세일즈맨의 업무란 영업을 열심히 하는 것이 아니라 결과를 내는 것입니다. 결과가 동반되지 않는 노력을 열심히 한다면 그것은 쓸모없는 짓이라고 말할 수밖에 없습니다.

하지만 오해는 하지 마시길 바랍니다. 성과가 없는 세일즈맨이라고 해서 반드시 영업력이 제로라는 것은 아닙니다. 이것은 위로하고자 하는 말이 아니라 사실입니다. 영업이라는 업무의 특징은 99% 잘해도 나머지 1%를 못하면 성과가 나오지 않습니다. 그 1%가 무엇인지를 알면 문제가 해결됩니다.

자신이 팔아야 할 것을 못 파는 사람은 자신이 무엇을 잘하는지, 무엇이 부족한지를 파악하지 못하고 있는 경우가 대부분입니다. 이 사실을 명심하시길 바랍니다.

상담 미팅만으로
만족하는 사람이 많다

많은 세일즈맨이 이렇게 말합니다.

"일단은 고객과 만날 약속을 하지 않으면 상담은커녕 그 무엇도 시작되지 않아요. 그래서 미팅 예약을 성사시키는 것을 우선에 두고 있습니다."

물론 일리가 있습니다. 아무리 상담의 기술이 늘었다고 해도, 그것을 실제로 사용하지 못한다면 의미가 없기 때문입니다. 특히 영업 초보들은 처음에 고객이나 구매자와의 미팅 약속을 성사시키는 것에 집중합니다. 물론 저도 그랬습니다. 만나서 풀어놓을 지식도 없는데 무턱대고 만날 고객과 미팅 예약만 잡아놓았습니다. 그리고 어쩌다 만남이 성사되면 곧바로 만나러 가서는 장렬히 전사했죠. 당연합니다. 고객을 만난다 해도 아무것도 할 수가 없었기 때문입니다.

지금 생각하면 매우 아쉽습니다. 상대가 만나주었다는 것은 내 상품을 팔 수 있는 가능성이 조금이라도 있었다는 것인데 그 기회를 놓쳤기 때문입니다.

영업 일로 고객을 만날 때에는 제대로 상담이 가능한 상태로 임하는 것이 기본 예의입니다.

원래 예약을 잡는다는 것은 단순히 만날 기회를 만드는 일에 지나지 않습니다. 본래 영업의 본 라운드는 만난 이후의 상담입니다.

사실 세일즈맨의 업무 비중이 신규 고객 확보에 치우쳐 있는 게 사실입니다. 그 분위기 때문에 고객이 될 만한 사람들과 미팅 예약을 성사시키는 것에만 상당한 노력을 기울이게 되는 경우가 많죠. 그래서 진짜 중요한 상담 내용에는 신경 쓸 겨를도 없는 것입니다. 이런 상황엔 모처럼 성사시킨 만남도 쓸모없어질 수 있습니다.

여러분의 회사는 어떻습니까?

"우선은 미팅을 성사시키는 것이 우선이다! 닥치는 대로 전화해!"

이런 상태라면 주의가 필요합니다.

상담은 직접 만나 대화가 가능하다면 그다음은 분위기로 어떻게든 될 것처럼 만만하지 않습니다. 어설픈 상담을 한다면 만나기 전에 흥미를 가진 고객이라도 구매를 거부할 것입니다. 영업의 업무는 최종으로 고객이 물건이나 서비스를 사게 하는 것에 있다는 점을 잊지 마십시오.

치명적인 실수를
알아채지 못하는 이유

　일본에서 의사가 되기 위한 등용문인 의사국가시험에 금기 문제가 있다는 것을 알고 계십니까? 금기 문제는 몇 번 틀리면 다른 데서 아무리 점수를 받아도 불합격이 되는 정말 치명적인 문제입니다.

　이 문제 유형은 환자의 생명을 좌우하는 치명적인 실수와 연관됩니다. 당연한 이야기지만 수험생은 이 문제에서 절대로 실수하지 않기 위해 만반의 준비를 하고 시험에 임합니다. 그렇지 않으면 합격할 수 없기 때문입니다.

그런데 이 금기 문제는 영업상담에 있어서도 존재합니다. 영업에서의 금기 문제를 파악하지 못해 나머지 노력이 물거품이 되는 경우가 왕왕 있습니다. 그렇다고 하더라도 국가시험처럼 사전에 대책이 있을 리 만무합니다. 영업의 금기 문제를 무의식 중에라도 알고 있는 사람은 자신도 모르게 자연적으로 최악의 상황을 피합니다. 그렇지 못한 사람은 하면 안 되는 금기사항을 언제까지고 계속 반복해서 불합격, 즉 구매 거절되는 상황을 끊임없이 만들어냅니다.

상담 중 금기사항의 예를 몇 가지 들도록 하겠습니다.

● 본론부터 바로 시작한다

만나서 바로 상품 설명을 시작하려고 하면 상대는 거부감부터 듭니다. 아직 들으려는 자세가 준비되지 않은 상대에게 신용도 얻지 못한 세일즈맨이 아무리 잘 말한다 해도 전해지지 않습니다. 오히려 자기 멋대로인 사람이라고 오해를 받아 큰 반감을 사게 됩니다.

● 시종일관 밝게 행동하려고 한다

세일즈맨은 어떤 상황에서도 밝게 행동하지 않으면 안 된다고 생각하는 사람이 많습니다. 오해입니다. 틀에 박힌 말투나 행동을 하면 오히려 자연스러운 커뮤니케이션을 방해할 수 있습니다. 유능한 세일즈맨은 상황에 맞춰 대응을 달리합니다.

● 몇 번이고 만나러 가려고 한다

상대가 싫어하는데 억지로 만나러 가면 의미도 없을뿐더러 오히려 역효과만 보기 쉽습니다. 가끔 예외가 있지만 예외일 뿐입니다. 어찌됐든 만나는 횟수가 중요하다고 생각하고 있다면 큰코다칠 수 있습니다.

● 무리하게 설득하려고 한다

설득력이 있는 것과 무리하게 설득하려고 하는 것은 전혀 다릅니다. 큰 목소리로 무리하게 팔려고 하면 할수록 고객의 마음은 도망가게 됩니다. 고객이 마음으로부터 납득할 수 있도록 접근하는 사람이 설득력 있는 사람입니다.

● 마지막에 무조건 매달린다

거절해도 물러나지 않고 끈질기게 버티는 것이 세일즈맨이라고 생각하고 있습니까?

너무 끈질기게 매달리면 거절될 뿐 아니라 고객으로부터 화를 삽니다. "상대가 화를 내도 또 방문할 정도의 배짱이 필요하다"고 말하는 사람은 고객을 지치게 할 수는 있어도 앞으로도 쭉 판매는 못할 것입니다. 분위기를 보고 다음을 기약하는 여유가 필요합니다.

못 팔아서 매달리는 것이 아니라, 매달리는 영업을 하기 때문에 못 파는 것입니다.

그렇다면 이렇게 묻는 분이 있을 겁니다.

"설득도 안 되고, 매달리는 것도 안 되면 어떻게 팔란 말입니까?"

괜찮습니다. 무리하지 않아도 고객이 먼저 웃는 얼굴로 사겠다고 말하게 하는 방법을 뒤에서 설명하겠습니다.

갑자기 설명부터 시작함

그럼 바로 상품 설명을 하도록 하겠습니다.

무리하게 설득하려고 함

지금 여기서 결정해 주세요!

마지막에 무조건 매달리기

아니, 그렇게 말씀하지 마시고 부탁 좀 드릴게요!

〈그림1〉 상담 중 금기사항의 대표적인 예

애초에 상담법을
제대로 배운 사람은 적다

"내일 상담, 성공하고 와!"

"네. 최선을 다하고 오겠습니다!"

영업 방면에서는 '카운슬링counseling' 혹은 '상담商談'이라는 단어가 잘 쓰입니다. 이 책에서도 자주 쓰일 단어입니다. 여러분은 이 상담이라는 것을 정확히 배운 적이 있습니까? 저는 기억을 가다듬어 생각해 봐도 그런 적이 없었습니다.

영업이란 대충 상품 설명이 중심에 있고 그 전후에 상대의 말을 듣고 마무리 짓는 것, 이런 이미지밖에 없었습니다. 롤플레이role playing(역할 놀이)로 연습할 때에도 상품 설명을 똑바로 말할 수 있는지에 대한 여부와 상대가 거절했을 때 비장의 한마디를 잘 건넬 수 있는지가 대부분이었습니다. 이건 제대로 된 영업상담이라고 할 수 없습니다.

여러분도 영업을 위한 고객 상담은 상품 설명과 대화가 적절히 이뤄지면 끝이라고 생각하지 않으십니까? 하지만 아무리 설명을 잘했다고 해도 그것만으로 충분하지 않습니다. 성공하는 상담에는 그 이상의 무엇인가가 있습니다.

제 세미나에서 이 부분을 밝히면 이런 이야기들을 합니다.

"지금까지 개운치 않았던 부분이 확실히 풀려 속이 시원했습니다."

"솔직히 말하면 신세계였습니다. 지금까지 실적이 낮았던 이유를 알았습니다."

"상담에 대해 이렇게 알기 쉽게 배운 적은 지금까지 없었습니다."

과장이 아닙니다. 진짜로 이런 반응들을 보고 저 또한 놀랐습니다. 여러분도 제 설명을 듣다 보면 상담 중의 작은 행동 하나에도 '팔리지 않는' 이유가 숨어 있다는 것을 알게 될 것입니다.

"역시 영업자다"
란 말의 함정

세일즈맨인 이상, 세일즈맨답지 못하면 안 된다?

백번 양보해서 그렇다고 합시다. 그렇다면 영업자다운 것은 어떤 것일까요? 이것은 유능한 세일즈맨이 되기 위해서 생각해 봐야 할 아주 중요한 문제입니다. 부디 신중히 생각해 보길 바랍니다.

일반적으로 '역시 영업자다'는 말은 이런 의미를 포함합니다.

● 복장이 깔끔하고 예의가 바르다.

● 밝고 활달하며 고객 앞에서 싫은 표정을 하지 않는다.

- 언변이 뛰어나서 상대가 반론해도 설득을 잘한다.
- 부르면 바로 달려가는 경쾌한 발놀림(스피드)

등이 대표적입니다.

이런 요소들은 상대에게 호감을 주는 동시에 조금이라도 영업 성적에 도움이 됩니다. 유능한 세일즈맨들을 보면 이렇게 세일즈맨다운 행동을 실천하고 있는 사람들이 많습니다.

그러나 여기에 큰 함정이 숨어 있습니다.

영업의 모든 단계에서 이 세일즈맨다운 행동을 실천해 버리면 반대로 마이너스효과 좀 더 말하면 치명상이 될 수도 있기 때문입니다. 저만의 영업 단계를 본격적으로 해설하는 장에서 구체적으로 언급하겠지만 상담 중에 지나치게 세일즈맨다우면 안 되는 때가 있다는 것을 알아두기 바랍니다.

너무 영업자답게 행동하면 '강매強買'의 냄새가 풍깁니다. 고객 입장에서 보면 일은 확실히 할 것 같은데, 무리하게 팔아넘기려는 인상을 주게 되는 것입니다.

예를 들어 고객의 말을 주의 깊게 들어야만 할 때가 있습니다. 상대의 기분과 정보를 정확하게 들어서 파악해야 하는 상황이죠. 이런 때에 지나치게 세일즈맨 마인드를 발휘해 조바심을 낸다면 이런 대화가 되기 십상입니다.

> **세일즈맨** : "가까운 시일 내에 이 상품을 이용할 계획이신가요?"(웃는 얼굴로 싹싹하게 누가 봐도 세일즈맨에 걸맞은 표정으로)
>
> **고객** : "음… 별로 생각하고 있지 않아요."(사실은 생각이 있지만, 강매 당할 것 같은 느낌이라 무난하게 거절해 두자)

> **세일즈맨** : "이번에 나온 신상품인데, 관심 있으세요?"(밝고 건강한 표정으로)
>
> **고객** : "그다지 관심이 가지 않군요."(사실은 관심이 있지만, 이 사람에게는 듣고 싶지 않아)

이와 같이 고객이 세일즈맨을 경계하게 되면 정확한 답변을 듣기 힘들어집니다.

영업을 위한 고객 상담의 모든 단계가 영업이라고 생각하면 착각입니다. 상황에 따라 세일즈맨다운 행동을 하지 말아야 할 순간들이 많이 있습니다.

유능한 세일즈맨은 이런 사실을 직감적으로 알고 실천하고 있습니다. 강매의 냄새를 풍기지 않기 위해 고객이 원하는 사항에 대한 정확한 정보수집부터 철저히 할 것입니다. 그렇지 않으면 결과적으로 영업에 실패한다는 게 당연하다는 사실을 알고 있기 때문입니다.

그렇기에 다시 말씀 드리자면 언제 어디서든 유능한 세일즈맨답게 행동하는 것이 오히려 무능한 세일즈맨을 만드는 원인이 될 수 있습니다.

올바른 상담법을 배운 후에
영업 현장에 나가자

열심히 하는데도 못 파는 세일즈맨. 그는 밑 빠진 독을 가득 채우려고, 컵으로 열심히 물을 옮기고 있는 모습과 비슷합니다. 시간이 지나도 독에 물이 차지 않는 것처럼 아무런 성과도 없는 작업을 계속하다 보면 체력도 기력도 떨어져 나갈 뿐입니다.

여러분의 하루하루 영업 활동은 어떻습니까?

'이런 노력을 계속해도 괜찮을까?'

혹시 여러분이 이런 의문을 품기 시작했다면 변화할 기회가 온 것입니다. 자신의 영업 방법을 근본적으로 바꿔 볼 좋은 때입니다.

이왕 열심히 할 바에는 판매력이 실제로 높아지고 있다고 실감하면서 이대로 계속하면 팔 수 있다는 확신도 느끼고 싶을 것입니다.

이를 위해서는 여러분이 들고 있는 서비스나 물건을 파는 순간까지 프로세스를 놓치지 않고 차근차근 나아갈 수 있는 상태가 되어야 합니다. 그렇지 않으면 원래대로면 팔아 줄 고객도 눈앞에서 놓치게 됩니다.

일전에 제가 개인적으로 누군가에게 고객과의 예약을 성사시키는 기법에 대해 조언했을 때의 일입니다. 그는 그 자리에서 몇 군데의 우수한 기업과 미팅 예약을 성사시켰습니다. 저는 그만하면 잘 됐다고 생각했습니다.

며칠 후, 전화로 상담의 결과를 물어보니 모두 영업에 실패했다고 하는 게 아닙니까? 혹시나 해서 어떤 내용으로 상담을 했는지 확인해 봤습니다. 그랬더니 실패가 당연한 전형적인 상담을 했다는 사실을 알 수 있었습니다. 좀 더 가르쳤어야 했다는 생각에 후회가 밀려왔습니다.

다시 반복해 말씀 드리지만 영업의 업무는 고객과 만나는 게 목적이 아닙니다. 때문에 아무것도 모르는 신입에게 예약을 잡아오는 것만 시키고 그대로 상담을 내보내는 것은 모처럼 매상을 올려 줄 수 있는 고객을 그 자리에서 보내버리는 것과 같습니다. 이렇게 되면 회사의 매상에서도 지장을 줄 뿐만 아니라 고객에게도 폐를 끼치는 행위라는 것을 명심하시기 바랍니다.

영업은 일단 만난 고객으로부터 확실하게 성과를 얻어내는 것에 핵심이 있습니다. 아무리 많은 상담 예약을 잡았다고 해도 마지막까지 성과를 내지 못하면 그때까지의 노력은 무용지물이 되어 버립니다.

그런 의미에서도 제가 경험을 통해 터득한 4단계 영업상담 기술은 영업 업무를 잘 매듭짓고 '매상'이라고 하는 결과를 내기 위한 핵심 노하우입니다. 이 기술을 잘 익히면 저처럼 말주변도 없고 낯도 가리는 세일즈맨이라도 자신감을 갖고 나아갈 수 있습니다. 이런 자신감을 꼭 여러분도 체험해 보길 바랍니다.

3

4단계 영업상담 기술
들여다보기

4단계 영업상담
기술이란?

제가 지금까지 봐 온 많은 평범한 세일즈맨들은 상담을 단순히 하나의 행위로 여기고 있었습니다(그림2 참조). 그들은 '상담이 잘 됐다' 혹은 '상담에 실패했다'와 같은 표현을 했습니다. 그러나 상담은 그리 단순하지 않습니다. 상담이란 한 단어에는 여러 요소가 섞여 있습니다. 간단히 제가 정리한 게 4단계 영업상담 기술입니다.

이 기술의 구성요소는 크게 '아이스브레이크ice break(잡담)', '히어링hearing(경청)', '프레젠테이션presentation(상품 설명)', '클로징

closing(마무리)'으로 나뉩니다.

이런 분류에 대해 어떤 생각이 드십니까?

"뭐야? 영업의 상식이잖아."

이런 소리가 여기저기서 들려오네요.

사실 세미나 같은 데서 이런 이야기를 할 때도 사람들은 모두 처음엔 별다른 반응을 보이지 않습니다. 그런데 이야기가 진행될수록 점점 집중하는 것이 보였습니다. 그리고 마지막에 웃는 얼굴로, "영업의 답답했던 부분들이 해결돼서 개운합니다!"라고 말하는 사람이 대부분이었습니다. 그러니 조금만 참고 제 말을 더 들어주셨으면 좋겠습니다.

여러분의 입에서도 "내일부터 해 보고 싶어!", "왜 내가 지금까지 못 팔았는지 이해가 됐다!"라는 말이 나올 수 있도록 돕겠습니다. 세미나 이후 며칠이 지나면 실제로 실천했을 때의 느낌과 결과 등을 기쁜 듯이 메일로 보내주는 사람도 있습니다. 어디서부터 손을 댈지 몰라 항상 고군분투하던 사람들이 영업 활동에 해야 할 것들이 정리되면 기분이 밝아지는 것 같았습니다.

처음엔 당연한 상식으로 느꼈던 것을 왜 나중에야 새로운 느낌으로 받아들이게 되는 걸까요?

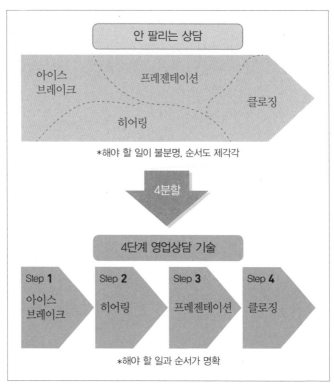

〈그림2〉 4단계 영업상담 기술의 전체 구조도

4단계 영업상담 기술의 각 단계를 잘 지키는 사람은 많지만, 그 모두를 연결해 효율적으로 활용하는 사람은 거의 없기 때문입니다.

영업상담에 있어 일 이야기를 하기 전에 조금이라도 잡담을 나누면서 긴장감을 완화시킬 필요가 있습니다. 당연한 상식이죠. 단, 이 잡담(아이스브레이크)에서 언제 어느 타이밍에 일 이야기로 화제를 돌릴지를 정확하게 이해하고 있는 사람은 얼마나 있을까요?

규정된 질문을 하는 것도 좋지만, 고객의 답변 내용을 어떻게 활용할지를 몰라 준비해 온 질문만 계속하는 사람도 종종 있습니다. 여러분도 자사의 상품이 얼마나 우수한지를 알기 쉽고 친절하게 설명하는 것을 영업의 업무라고 생각하고 있지 않습니까? 의지와 근성으로 설득하는 것이 영업이라고 착각하고 있는 사람도 매우 많은 것이 현실입니다. 안타깝지만 그것만으로는 팔 수 없습니다.

이 4단계의 행동을 의미도 없이 제각기 실천한다면 시간이 지나도 효과는 볼 수 없습니다. 제각기 실천했던 네 가지 행동을 연관 지어 생각해 보는 것만으로 판매력은 올라갑니다. 상담에 정확한 흐름을 만들어야 극적으로 달라지는 자신을 느끼며, 나아가 고객 반응의 변화도 알아챌 수 있을 것입니다.

영업의 핵심은
어디에 있나

먼저 영업상담에서 가장 중요한 부분은 어디일까요? 판매와 직결되는 포인트로 프레젠테이션, 즉 상품 설명입니다.

상담의 결과는 얼마나 상대의 마음을 자극하는 상품 설명을 하느냐에 따라 결정됩니다. 상품의 장점이 상대에게 전달되지 않으면 아무리 인간적으로 가까워졌다고 해도 판매로 이어지지 않습니다.

그러나 여기서 많은 사람들이 착각하는 것이 있습니다. 보기에 훌륭한 자료를 만들어서 풍부한 표현력으로 설명하는 것이 프레젠테이션이라고 말입니다. 이를 위해 밤을 새워 PPT(파워포인트) 자료를 만들거나 설명 연습을 몇 번이고 반복하면서 시간을 들이는 사람을 자주 봅니다. 하지만 고생한 것 치고는 효과는 그다지 좋지 않습니다.

영업 현장에선 무엇이든 효과를 내야 의미가 있습니다.

"완벽한 프레젠테이션이었지만 성과가 없었습니다"라고 하는 것은 말도 안 되는 변명입니다. 자신은 할 만큼 했는데 못 팔았다는 것은 고객이 나빠서 그렇다는 자기만족과 책임회피의 말일 뿐입니다.

상대의 마음을 자극하는 프레젠테이션을 하기 위해서는 잘 전달하려고 하는 것보다 더 중요한 것이 있습니다. 바로 상대에게 적합한 설명을 하는 것이죠. 상대의 기분을 정확하게 맞혀서 설명하는 것이야말로, 성공하는 프레젠테이션의 비법입니다. 저처럼 말주변이 없는 설명이라도, 프레젠테이션의 자료가 보기에 다소 안 좋더라도, 상대의 마음에 전할 수 있는 프레젠테이션을 한다면 좋은 결과로 이어질 것입니다.

이를 위해선 꼭 필요한 게 있습니다. 상대를 정확하게 알지 않으면 안 됩니다. 여기서 필요한 것이 히어링, 즉 경청입니다. 히어링은 반드시 프레젠테이션 전에 이뤄져야 합니다.

히어링은 쉽지 않습니다. 단순히 질문을 해서 그것에 대해 곧이곧대로 답을 들으면 되는 것이 아닙니다. 질문에 대한 답이 진심이

며 정확한지를 우선 파악할 필요가 있습니다.

가끔 고객은 세일즈맨에게 거짓말을 합니다. 물론 악의가 있지는 않습니다. 본심을 말하면 귀찮게 영업을 하러 올 것이라고 생각해서, 말하자면 방어 차원에서 어쩔 수 없이 거짓말을 하는 경우가 많습니다. 이런 고객의 말을 진심으로 받아들여 프레젠테이션을 하면 대화의 초점이 맞지 않기 때문에 상대의 마음을 자극할 수 없습니다. 물론 상담도 실패로 끝나겠죠?

원래 고객은 영업에 대해 경계심을 갖고 있습니다. 이걸 인정하고 들어가야 합니다. 누구나 처음부터 마음을 열고 기다려주지 않습니다. 경계하고 있는 사람에게는 아무리 괜찮은 질문을 해도 정확한 대답을 얻기 힘듭니다.

이때 필요한 것이 바로 아이스브레이크입니다.

상담에서 업무 이야기를 할 때는 먼저 상대의 경계심을 없애는 작업을 하지 않으면 아무것도 시작할 수 없습니다. 여기에 의미가 없어 보이는 잡담이 요구됩니다. 아이스브레이크는 잡담으로 '얼어 있는 상대의 마음을 녹인다'는 의미입니다.

이 경계심을 없애는 작업을 히어링 전에 하게 되면 정확한 히어링을 할 수 있게 되어 상대의 마음에 와 닿는 프레젠테이션을 할 수 있게 됩니다.

그런 후에 아직 고객이 고민하고 있는 경우에만 클로징을 합니다. 클로징은 설득하는 것이 아니라 상대의 고민 사항들을 하나씩 제거해 나가는 침착하고 냉정한 작업입니다.

4단계 영업상담 기술은 큰소리를 낼 일도, 쓸데없는 감탄사를 넣어가며 힘줘 말할 필요도 없습니다. 그래서 저 같은 타입의 사람도 사용할 수 있는 수법입니다. 이것이 상담의 흐름과 영업상담 요소의 역할입니다. 여기서는 간단히 원리만 파악하였습니다.

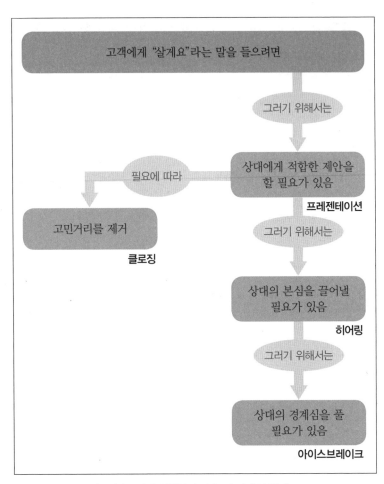

〈그림3〉 4단계 영업상담 기술 각 단계의 관계도

4단계 영업상담 기술의
다섯 가지 이점

4단계 영업상담 기술은 그다지 대단해 보이지 않을 수 있습니다. 여러분이 이미 실천하고 있는 것일 수도 있고, 톱 세일즈맨들의 비법이 의외로 자신과 별반 다를 것 없다고 느낄 수도 있습니다. 어떤 의미로 보면 사실 유능한 세일즈맨과 그렇지 못한 세일즈맨의 차이는 매우 작습니다. 이 책은 그 작은 차이를 메우기 위한 것입니다.

그럼, 그 작은 차이로 얻을 수 있는 이점에는 어떤 것들이 있는지 소개하도록 하겠습니다.

1장 • 실적이 없다면 당신의 영업 방식은 틀렸다!

이점1 **고객의 마음속을 더 잘 알 수 있다**

무슨 생각을 하는지 파악되지 않는 사람과 이야기하는 것은 쉽지 않지요? 영업상담도 마찬가지입니다. 고객의 심리를 모른 채 대화를 진행하면 아무런 성과가 나오지 않습니다. 또, 영업하는 측에서 마음대로 고객의 기분을 추측해서 상담을 진행해도 리스크가 큽니다. 추측이 틀렸을 때 돌이킬 수 없는 결과를 가져오기 때문입니다. 심리학적 수법을 사용해서 상대의 마음을 읽으려고 할 때도 문제입니다. 그런 시도를 고객에게 들키기라도 한다면 신용을 잃게 될 것입니다.

애초에 심리분석 전문가도 아닌 세일즈맨이 상대의 마음을 읽는다는 것은 무리가 있습니다. 그래서 고객 스스로 본심을 드러내도록 하는 데 집중해야 합니다. 그렇게 되면 요점을 벗어난 프레젠테이션을 할 일은 없습니다.

4단계 영업상담 기술은 고객의 의중을 떠보는 데 집중하지 않습니다. 고객의 본심을 들을 수 있게 고객을 유도합니다. 그 결과 세일즈맨 본인뿐만 아니라 상대도 기분 좋게 상담을 진행할 수 있습니다.

이점2 **상담을 뜻대로 컨트롤할 수 있다**

상담 결과는 좋은 쪽이든 나쁜 쪽이든 상대에 따라 달라진다고 생각하고 있지 않습니까?

대부분의 세일즈맨은 상대가 어떻게 나올지 모르기 때문에 때에 따라 대응할 수밖에 없다고 생각하기 쉽지만, 그렇지 않습니다. 톱 세일즈맨은 실제로 상담 흐름을 정확하게 주도하며 컨트롤합니다.

대화 도중에 상대가 말을 끊고 들어와도 무리한 요구를 해 와도 뚜렷한 단계에 맞춰 상담을 진행하면 이쪽의 페이스가 무너질 일은 없습니다. 해야 할 일이 명확하면 종종 화제에서 벗어나도 다시 원래의 화제로 돌아오기 쉽습니다. 거기에 무리하게 상대를 조정하려고 하지도 않기 때문에 자연스럽게 상담을 진행할 수 있습니다.

이점3 끈질기게 매달릴 필요 없다

여러분도 무리하게 요구하지 않으면 안 되는 것이 영업이라고 생각하나요? 이런 생각은 엄청난 스트레스일 것입니다. 저 자신도 고객에게 무리하게 요구하는 영업스타일에 반감을 느꼈습니다. 고객도 똑같습니다. 끈질기게 부탁을 받아서는 기분 좋게 구매했을 리 없습니다. 4단계 영업상담 기술에서는 이런 점이 전혀 없습니다. 지금까지 무리하지 않으면 못 판다고 생각했던 사람은 다른 방법도 있다는 점을 알아두길 바랍니다.

자신의 성격과 능력에 좌우되지 않는다

앞에서 언급했지만, 4단계 영업상담 기술을 배우면 어떤 성격의 사람도 판매할 수 있는 상담이 가능해집니다. 특별한 화법과 사람을 매료시키는 타고난 능력도 필요하지 않습니다. 극단적으로 말하면 영업에 처음 들어온 신인이라도 결과를 낼 수 있습니다. 좀더 말하면 상품 지식을 다소 모른다 해도 팔 수 있죠.

그 이유는 상품의 매력을 전면으로 내세우는 것이 아니라 세일즈맨 자신의 신뢰도를 높이는 것에 집중하기 때문입니다. 화법의 테크닉에 의존하지 않고 있는 그대로의 모습으로 다가가면 오히려 고객으로부터 신뢰를 얻을 수 있습니다. 언변이 뛰어나지 않거나 사람들 앞에서 긴장해도 상관없습니다.

즉, 제가 말하는 4단계 영업상담 기술은 신뢰를 쌓아가는 단계이기도 합니다.

이점5 **재구매는 물론 나를 알릴 수 있다**

아무리 훌륭한 상품이라고 해도 그것을 소개하는 세일즈맨이 비호감이라면 고객은 주위 사람들에게 소개하려고 하지 않을 것입니다. 무리하게 구매를 강요하거나 끈질기게 부탁한다면 고객이 그 세일즈맨에게 호감을 갖는 일은 거의 없습니다.

실제로 오랫동안 톱 세일즈맨 자리를 유지하는 사람들을 살펴

보면 어떻습니까? 최소한 만나기에 부담감이 없지 않습니까? 호감만 있다면 추가주문을 받는다든지, 소개받는 일도 많을 것입니다. 이런 사람들은 4단계 영업상담 기술을 무의식적으로 실천하고 있는 것입니다.

애초에 주위에 소개하는 일은 상품의 품질보다도 세일즈맨 자체를 소개하고 싶은 경우가 많습니다. 여러분은 어떤 인물을 친구에게 소개하고 싶습니까? 본인을 위해 그 대답을 한 번쯤 생각해보는 게 좋습니다.

4단계 영업상담 기술의 이점은 이 외에도 '스트레스가 없다', '부하에게 지시 내리기 편하다', '영업효율이 오른다' 등이 있습니다. 무슨 이야기인지 앞으로 차차 소개하도록 하겠습니다.

4단계 영업상담 기술의
단점은 없는가?

영업을 할 때에도 너무 좋은 점만 강조하면 거짓말처럼 느껴지기 쉽습니다. 그러므로 솔직하게 이 방법의 약점에 대해서도 털어놓도록 하겠습니다.

단점1 **그 자리에서 바로 팔지 못할 수 있다**

매일 영업 실적을 다투는 곳에서는 제 말이 너무 이상적으로 들릴 것입니다. 저 역시 매일 뭐라도 팔아오라는 소리를 귀에 못이 박힐 정도로 들었습니다. 고객에게 속전속결을 강요하는 것입니다. 개인적으로 참 힘들었던 때였습니다. 모처럼 친해지기 시작한 고객에게 무리하게 영업 활동을 벌이면 다들 이내 떠나갔기 때문입니다. 사회생활 초기에 실적에 쫓겨 강매식으로 우연히 물건을 판 적도 있지만 지금 생각하면 단편적인 생각으로 고객을 놓친 경우가 더 많았습니다.

단점2 습관이 발목을 잡을 때도 있다

가끔 영업적인 말을 하면 안 되는 순간이 있습니다. 그런데 오래 영업을 해 온 사람에게 갑자기 "지금은 영업하지 마세요"라고 말하면 낭패 보기 십상입니다. 몸에 밴 습관이 그리 간단하게 없어지지 않습니다. 자신은 의식적으로 영업을 안 한다고 생각해도 말하는 중간에 심리가 뻔히 보이는 경우도 있습니다. 머리로는 알고 있어도 몸이 반응하지 않는 상태, 특히 경력이 긴 세일즈맨이 빠지기 쉬운 케이스입니다.

영업적인 말을 하면 안 되는 대표적인 단계는 아이스브레이크, 히어링, 프레젠테이션입니다. 이때 하나라도 억지로 팔려고 하면 지금까지 밟아 온 단계가 전부 쓸모없어질 수 있습니다. 우호적이었던 고객의 반응이 갑자기 차가워진다면 그것은 아마 자신도 모르는 사이에 '영업의 냄새'를 풍겼기 때문이라고 생각하길 바랍니다. 그러지 않기 위해서는 조금씩이라도 과거의 습관을 없애려는 노력을 해야 합니다.

단점3 주위 사람에게 오해받기 쉽다

세일즈맨으로서 당연하다고 생각했던 것을 갑자기 그만둔 여러분을 보고 주변에서 어떤 반응을 보일까요?

'얘, 하려는 의욕이 없네.'

주위에서 이렇게 생각하는 사람도 있을 것입니다. 특히, 상사에게 이런 오해를 받으면 난감해집니다.

"어째서 넌 좀 더 세일즈맨답게 못하는 거야!"라는 식으로 무턱대고 혼나서, 정말로 하고 싶은 영업스타일을 포기해야 하는 경우도 있죠. 조직의 분위기 때문에 실적 없는 세일즈맨으로 다시 돌아갈 수밖에 없는 상황입니다. 이는 회사에도 개인에게도 좋지 않은 결과를 가져옵니다.

따라서 상사, 부하, 동료 그리고 회사 대표도 4단계 영업상담 기술을 이해해야 합니다. 회사 전체에서 이를 실행하도록 하는 것입니다. 실행만 된다면 매상은 쭉쭉 오릅니다.

만약 주변의 이해를 구하는 데 시간이 걸릴 것 같다면 본인이라도 이 상담 기술을 실행해서 일단 결과를 내도록 해야 합니다. 실적이 좋은 세일즈맨에게 누구도 불만을 말하지 않을뿐더러 반대로 상대가 먼저 어떻게 팔았는지 물어볼 것입니다. 실제로 제가 가르친 세일즈맨 중 많은 사람들이 실적이 오르자 상사의 반응이 180도 달라졌다고 말했습니다. 주위의 대우가 달라지자 마음이 편해졌다고 하더군요. 오해를 받을 경우에는 그것을 뿌리치고 어떻게든 결과를 내겠다는 강한 의지가 필요합니다.

이 밖에도 여러 단점이 있습니다. 어떻게 할지 판단은 여러분에게 달려 있습니다. 미래의 자신에게 있어 가장 좋은 방법은 무엇인지 고민해 보시기 바랍니다.

누구나 영업 센스를
갖출 수 있다

예전에 저는 실적이 좋은 세일즈맨에게 이런 질문을 자주 했었습니다.

"비결 좀 알려주세요."

그러면 돌아오는 대답은 "일 이야기만 하지 말고 잡담을 하면 팔려요"였습니다. 다른 조언들도 별로 피부에 와 닿지 않았습니다.

"좌우간 고객이랑 친해지는 것이 중요해."

"상대의 말을 귀담아들으면 자연스럽게 영업이 돼."

이런 말들이었습니다. 개중에는 "음, 비결이라고 할 것까지야. 나도 잘 모르겠네"라고 말하는 사람도 있었습니다.

실제로 수많은 영업 고수들이 자신들의 비결에 대해 고민하며 대답하기 어려워했던 기억이 납니다. 이렇듯 영업 고수 중에는 자신이 왜 잘 팔았는지를 모르는 사람이 많습니다. 표현하지 않았지만 그들의 머릿속에 있는 설명하기 어려운 남다른 영업 센스가 실적의 비결이라고 생각하고 있을지도 모르겠습니다.

여기서 말하는 센스를 말로 설명하기는 참 어렵습니다. 센스가 있는지 없는지에 대한 명확한 기준이 어디에도 없을뿐더러, 감각의 영역이기 때문입니다. 이를 다른 사람에게 가르치는 것은 불가능합니다.

하지만 저는 단언할 수 있습니다. 많은 톱 세일즈맨이 실적을 내는 이유는 센스 같은 애매모호한 것이 아니라 확실하게 설명 가능한 것이라고요. 그리고 세일즈맨이라면 누구나 영업 센스란 걸 가질 수 있다고 자신 있게 말할 수 있습니다!

4단계 영업상담 기술은 영업 센스를 낱낱이 분석하여 누구나 사용할 수 있도록 만든 매뉴얼입니다. 다음 장부터 각 단계별로 하나씩 자세히 살펴보도록 하겠습니다.

2장
본격적인
4단계 영업상담 기술
들어가기

영업자가 해야 할 일은

먼저 상대의 경계심을 없애고

고객의 말에 귀 기울이며

설명을 듣기 싫어하는 고객을 사로잡은 뒤,

완벽한 마무리를 짓는 것이다.

간단해 보이지만 이것이 잘나가는 세일즈맨의 비결이다.

4

1단계

아이스브레이크
ICE BREAK

고객은
세일즈맨을 경계한다

고객과 만날 예약을 한 후 첫 방문이라고 합시다.

여러분은 지금 약속시간에 맞춰 고객이 있는 곳을 향해 가고 있습니다. 약속은 하였지만 처음 만나는 상대입니다. 즉, 아직 어떤 사람인지 모르는 상태죠.

'무서운 사람이면 어쩌지. 차가운 반응을 보이면 싫은데.'

여러분은 이런 불안을 느낀 채 긴장하고 있을지도 모르겠습니다.

입장 바꿔 생각해 봅시다. 반대로 여러분을 기다리고 있는 고객의 심리상태는 어떨까요?

세일즈맨과의 만남이 너무 기다려진다고 말하는 사람은 거의 없을 것입니다. 오히려 긴장하면서 기다리고 있기 쉽습니다. 여러 이유로 인해 경계심을 가졌기 때문입니다.

'어떤 세일즈맨이 올까? 무조건 팔려는 사람이면 싫은데.'
'거절했는데도 끈질기게 나오면 귀찮은데.'
'전화로는 상품의 좋은 점만 들었는데, 안 좋은 점도 있지 않을까?'

대충 이런 생각이 들었을 것입니다.

여기에서 더 나아가 '멍청하게 있다가 분위기에 휩쓸려서, 속는 일이 없도록 해야지'라는 식으로 마음을 다잡는 사람도 있습니다. 마음을 닫고 방어를 단단히 하고 있는 상태입니다.

제가 좀 심하게 생각한 것일까요? 아닙니다. 세일즈맨이 비관적으로 그리고 있는 그림, 그게 딱 현실입니다.

고객(뒤집으면 영업 당할 때의 자신도 포함)이라는 사람들은 누군가에게 일방적으로 강요를 받으면 어떤 설명에도 불구하고 그 자리를 피하고 싶어 합니다. 무리하게 나오면 반발하는 건 당연합니다. 이런 분위기에 막무가내로 들이대면 화까지 납니다. 이렇게 되면 다음 기회가 와도 돌이킬 수 없습니다.

최근 들어 세일즈맨을 접한 고객이 거절하기까지 걸리는 시간이 현저하게 빨라지고 있습니다. 그 증거로 세일즈맨이 전화로 예약을 하려고 하면 회사이름만 말했을 뿐인데도 거절당하거나, 예약 없이 방문하면 얼굴도 보여주지 못한 채 거절당하기 십상입니다. 정이 넘치던 예전에는 조금이라도 이야기는 들어줬었는데…. 시간이 갈수록 영업하기가 힘든 상황입니다.

고객의 방어벽이 높아진 데는 다 이유가 있습니다. 그 원인을 따지고 보면 세일즈맨이 그동안 해 왔던 무리한 영업 때문입니다. 따라서 이런 분위기는 자업자득이라고 할 수 있겠습니다.

사회가 성숙해지고 물건이 시장에 넘쳐납니다. 즉, 수요보다 공급이 과잉된 상황입니다. 이전까지는 가게에 놓기만 해도 팔리던 상품이 더는 팔리지 않습니다. 유사상품까지 막 쏟아져 나와 문제이지요.

상품의 홍수 속에 살아남기 위해서는 전략이 필요합니다. 상품은 팔려야 존재 가치가 있는 것입니다. 전화영업, 방문영업은 물론 TV광고 등은 모두 상품을 팔기 위한 대표적인 방법입니다. 사람들은 진절머리가 났습니다. 그렇게 여러 판매수단을 매일같이 접하는 고객은 점점 내성이 생기게 됩니다. 웬만한 자극에 무감각해진 것입니다.

한번 떠올려 보시기 바랍니다. 과거에는 무료 샘플이나 무료 체험이라고 하면 소비자들이 무엇인지도 모르면서도 환호했었는데, 이제는 의심부터 하지 않습니까? 많은 사람들이 무료라는 미끼 이면에 어떤 의도가 숨어 있다는 것을 알고 있습니다. 여러분도 공짜 명목으로 제공한 개인정보를 통해 전화나 우편 등으로 성가시게 연락을 받거나, 출처를 알 수 없는 스팸메일spam mail이 늘어났던 경험이 많이 있을 것입니다.

어떤 세일즈맨은 눈앞의 실적만을 바라보고 사기에 가까운 아찔한 수법까지 사용합니다. 고객을 속이거나 불쾌한 기분을 들게 해서라도 팔려고 하죠. 이런 행위야말로 선량한 세일즈맨까지 오해받게 만드는 원인입니다.

인류 역사상 지금만큼 소비자가 힘을 지닌 때가 있었을까 싶습니다. 지금 세상에는 같은 기능을 가진 비슷한 상품들이 무척 많이 있습니다. 고객 입장에서는 굳이 눈앞의 성가신 세일즈맨에게 상품을 사지 않더라도 필요하면 인터넷으로 얼마든지 구매할 수 있습니다. 때문에 세일즈맨에 대해 조금이라도 미심쩍거나 불신감이 생기면 어떤 망설임도 없이 거절하는 것이 요즘의 고객입니다.

다시 본론으로 돌아와, 고객이 세일즈맨을 경계하는 것은 당연하다는 점을 명심하십시오. 먼저 고객의 경계심을 없애지 않는다면 아무것도 시작하지 않는 것과 마찬가지입니다.

잘나가는 세일즈맨의
숨은 비법

경계심을 보이는 상대에게는 우수한 세일즈맨이라도 당해 내지 못합니다. 영업에 필살기가 있다고 해도 무용지물입니다. 영업상담도 예리한 질문도 모두 단호하게 거절당합니다. 이때 필요한 것이 바로 아이스브레이크입니다.

유능한 영업사원이라면 이것이 상식이라는 것을 잘 알고 있습니다. 그래서 잘 파는 세일즈맨일수록 초반에 경계심을 없애려 하는 작업에 공을 기울입니다. 이런 전략을 말하는 '아이스브레이크'는 1차적으로 얼어 있는 상대의 마음을 녹인다는 의미입니다. 하지만 그 외에도 '공기를 따뜻하게 하다' 또는 '좋은 분위기 만들기', '잡담' 등의 표현과 함께 사용되고 있습니다.

요점은 마음이 가벼워지는 대화를 먼저 시도하라는 것입니다.

저도 예전에는 아이스브레이크의 힘을 알지 못했습니다. 그도 그럴 것이, 처음 만난 사람과 잡담하는 것은 제 성격에 맞지 않았습니다. 성격이 내성적이라 저로서는 상당히 난이도가 높은 작업이었습니다. 어색한 자리에서 아무렇지 않게 가벼운 대화를 한다는 것은 불가능했죠.

'저…', '어…' 같은 이상한 말만 되풀이하며 무슨 말부터 해야 좋을지 모른 채 의미 없는 말로 얼버무리기 일쑤였습니다. 어색해진 분위기에 무거운 공기를 견뎌내지 못하고, 전 이렇게 내뱉었습니다.

"바쁘실 테니, 먼저 상품 설명을 하도록 하겠습니다."

그리고는 일방적으로 설명을 시작했습니다. 물론 상품은 못 팔았죠.

초보 세일즈맨이었던 예전의 저처럼 아이스브레이크를 안 하고 본론으로 들어가는 세일즈맨은 의외로 많습니다. 잡담이란 어찌

돼도 상관없는 이야기라고 여기며 과감히 생략하고 후딱 본론으로 들어가는 것이 좋다고 생각하는 것이죠. 하지만 아이스브레이크 단계를 '기껏해야 잡담인데'라는 가벼운 의미로 생각해서는 큰 코다칩니다.

저도 상사에게 이런 이야기를 자주 들었습니다.

"일 이야기를 하기 전에, 뭔가 잡담을 좀 하세요."

당시 저는 왜 이런 쓸데없는 일을 하지 않으면 안 되나, 마음속으로 의문을 품었습니다. 상대도 역시 저를 만난 것 자체를 일로 생각할 테니 빨리 본론으로 들어가는 게 서로에게 좋지 않냐고 말입니다. 하지만 시간이 지날수록 본론부터 시작하는 상담은 성공할 수 없다는 사실을 깨달았습니다.

'아이스브레이크가 필요한 것은 알겠는데, 대체 어떤 잡담을 하면 되는 거야?'

이런 의문을 갖고 있는 사람도 있을 것이라 생각합니다.

외부에서 스무 명 정도를 두고 4단계 영업상담 기술을 강의하던 때의 일입니다.

저는 먼저 일상에서 어떤 영업을 하고 있는지를 알고 싶어서, 한 명씩 세일즈맨과 고객 역할을 맡아 역할연극, 즉 롤플레이를 하게 했습니다. 물리적으로 시간이 부족했기에 아이스브레이크의 부분에 집중했습니다. 강의 시간이 끝나니 점심 때가 되어서 그곳 상사와 같이 점심을 하게 되었습니다.

"어떻습니까? 누가 잘하던가요?"

저는 아이스브레이크를 잘해 편안한 인상으로 다가온 세 명을 이야기했습니다. 그러자 상사가 이렇게 말하는 것입니다.

"어? 지금 그 세 명이 우리 회사 매상 톱3에요."

제가 롤플레이의 일부분을 본 것만으로 매상 톱3의 세일즈맨을 맞춘 것에 놀란 듯 했습니다. 저는 이미 대략 그럴 것이라고 생각하고 있었습니다. 아이스브레이크를 잘하는 것은 그만큼 잡담의 위력을 중요시하고 있다는 것입니다. 그럼 어떤 잡담이 좋은 잡담일까요?

그 잡담,
좀 틀린 것 같은데요?

아이스브레이크와 잡담을 같은 의미로 사용하고 있지만, '잡담'이라고 적으면 아무래도 판에 박힌 이미지가 있는 듯합니다. '잘 하는 잡담=분위기를 띄우다'라는 공식으로 기억해 두세요.

예전에 강의를 하다가 롤플레이에서 말장난을 하거나 익살맞게 굴어서 '웃음'에 집착하는 사람을 본 적이 있습니다. 하지만 그것은 어디까지나 집착일 뿐입니다. 어제 본 TV프로그램 속 화제를 재미있게 이야기하더라도 그것을 보지 않은 사람에겐 흥미가 없습니다. 잡담에 잘 파는 사람과 팔지 못하는 사람의 차이가 있습니다.

과거에 저도 잡담을 잘하기 위해서 여러 잡학을 파고들며 유머 책까지 찾아 읽던 시기가 있었습니다. 재미있는 화제를 많이 알아 두지 않으면 잡담을 할 수 없다고 착각하면서 말입니다.

분위기와 상관없이 지나치게 뜬금없는 이야기로 대화를 시작한 다면 상대는 오히려 당황합니다. 오히려 상대를 아무 리액션도 취할 수 없게 만들죠. 분위기를 띄우기는커녕 되레 얼리고 맙니다.

처음부터 무엇을 위해 잡담을 하지 않으면 안 되는지를, 다시 한번 떠올려보도록 하겠습니다.

잡담은 상대를 단순히 웃기기 위해서도 아니고, 즐거운 대화를 하기 위해서도 아닙니다. 진정한 목적은 '경계하고 있는 상대의 방어벽을 낮추고, 이후의 비즈니스를 하기 쉽게 하는 것'에 있습니다. 물론 상대를 웃기면 방어벽이 내려가는 건 사실입니다. 그런데 첫 만남에서 그것도 내성적인 사람이 마음을 열지도 않은 사람을 웃기는 것은 매우 어려운 일입니다.

좀 더 간단한 방법이 있긴 합니다. 바로 상대가 말하도록 하는 것이죠.

말하지 말고,
말하게 하라

톱 세일즈맨들을 관찰하고 제 경험에서도 느낀 점은 상대가 말을 많이 해 줄 때 상담이 원활하다는 것이었습니다. 반대로 세일즈맨 쪽에서 말을 하게 되면 상대는 딱딱한 표정을 풀지 않아 상담이 잘 되지 않았습니다.

어느 날, 어떤 심리학 책을 읽고 상대로 하여금 말을 하게 하는 것의 위력을 알게 됐습니다. 말을 하면 릴렉스 효과가 있다고 합니다. 저는 이 사실을 알자마자 '이거다!'라고 생각했습니다.

영업 초보 시절 저는 단지 고객과의 사이에 '말소리'만 있으면 된다고 생각했습니다. 침묵을 최대한 피하려고 무슨 말이라도 꺼내서 마구 떠들었습니다. '영업을 하고 있는 사람이 나니까 내가 무슨 말이든 해서 대화를 이어야 된다'고 생각했던 것입니다.

여러분은 어떻습니까?

아쉽게도 이런 태도는 오히려 진정한 잡담의 효과를 무너뜨립니다. 잡담하는 기분에 잠겨 혼자 말하는 것은 전혀 도움이 되지 않습니다. 잡담은 단순히 말소리가 오가면 되는 게 아닙니다. 좀 더 말하면 분위기를 띄울 필요도 없고 상대를 웃기지 않아도 됩니다. 요점은 상대가 말하게 하는 것 하나에 집중하는 것입니다. 이것만으로 상대의 방어벽을 낮추는 아이스브레이크의 본래 목적을 달성할 수 있습니다. 원래부터 말하는 것에 자신이 없던 제가 이것을 깨달았을 때, 정말 구제받는 느낌이었습니다.

'무리해서 말하지 않아도 되는구나!'

그런데 걸림돌이 있었습니다. 상대방이 원체 입이 무겁다면 어떻게 해야 하느냐는 점입니다.

안심하십시오. 돌파구가 있습니다.

고객이 말하기 쉬운
화제를 던져라

아이스브레이크 단계에서 상대가 말을 꺼내게 해야 한다는 점을 이해했다면, 이제 문제는 그 방법입니다. 단순히 이렇게 생각해 보세요.

'뭔가 질문을 해야 말을 하는 게 아닌가?'

저도 질문으로 고객의 말을 유도한 적이 많았지만 결과는 제각 각이었습니다. 질문의 내용에 따라 친절히 말을 해 주는 고객도 있었지만, 절대적이지는 않았습니다. 엄한 질문을 해서 분위기를 망친 경우도 있었습니다. 오히려 고객의 경계심이 더 강해졌죠. 단순히 질문만 던지면 아이스브레이크가 되는 게 아니었습니다.

그래서 원점으로 돌아가 다시 한번 실적이 좋은 세일즈맨의 습관을 연구했습니다. 아이스브레이크의 방법에 주목한 것입니다.

실적이 좋은 세일즈맨들은 누구나 약속한 듯이 화제를 던지고 잡담하는 것으로 대화를 시작했습니다. 주의 깊게 살펴보니 세일즈맨이 던진 화제에 상대가 말을 더 많이 하는 것을 알아냈습니다.

상품을 잘 파는 사람들은 상대가 쉽게 입을 여는 잡담에 능했습니다. 감탄이 안 나올 수 없었습니다. 어떤 화제를 던졌는지를 살펴보니 놀랄 만한 공통점을 찾을 수 있었습니다. 공통점은 바로 '상대에게 친숙한 화제'였습니다.

그들은 고객이 방문하기 전부터, 잡담 준비를 하고 있었습니다.

- 역에서 고객 사무실 쪽으로 걸어가며 보이는 풍경을 관찰한다.
- 거리에서 특이한 가게와 관심 가는 것에 주목한다.
- 고객의 회사 안에서도 여러 가지를 구경한다.

한 세일즈맨은 상담 전에 저와 길거리를 동행하면서 "우와, 여기에 이런 옛날 불량식품가게가 있네요"라고 말하면서 무척 즐거워했습니다. 저는 그 광경을 보고, 상담에 임하기 전에 스스로 마음을 편안하게 하려는 것인 줄로만 생각했습니다.

사실은 함께 이야기할 화제를 탐색하고 있었던 것입니다.

세일즈맨 : (매우 자연스럽게) "지금 여기 오는 도중에 봤는데, 옛날 불량식품가게가 있네요."

고객 : "아, 그 가게는 제가 어릴 때부터 있었던 거에요."

세일즈맨 : "그래요? 너무 반가워서 방금 전에 저도 모르게 들렸네요."(웃음)

고객 : "저도 종종 들러요. 오징어꼬치 같은 거 사서, 맥주 안주로 먹곤 해요."(웃음)

세일즈맨 : "아, 그 오징어꼬치요. 저도 이따가 사봐야겠네요."

그는 이런 시도를 하면서 어색했던 분위기를 바로 녹여버렸습니다. 아이스브레이크는 대성공이었습니다.

고객이 잘 알고 있을 듯한 화제를 꺼내면 고객의 마음을 열기 쉽습니다. 단순한 팁이지만, 이 방법은 누군가가 다른 사람보다 상품을 잘 파는 비법이기도 합니다.

커뮤니케이션 능력이 높은 사람은 이런 화제들을 평상시에 자연스럽게 사용하고 있습니다. 저는 이제와 새삼스럽게 다시 한번 깨달은 게 있습니다. 사람들과 사귀는 능력이 부족하다고 해도 상대와 가까운 화제를 의식한다면 반드시 아이스브레이크를 할 수 있다는 점입니다.

〈그림4〉 고객이 쉽게 말을 하도록 만드는 화제들

세 개 이상의
화젯거리를 준비하자

잡담은 아이스브레이크의 수단이지만 이 단계에서만 활용하는 게 아닙니다. 상담 중에는 아이스브레이크 단계를 포함해 보통 세 번의 잡담 찬스가 있습니다. 예를 들어, 상담이 끝나고 한숨 돌릴 때나 고객이 차를 마시면서 좀 더 대화를 하고 싶어 할 때 등입니다. 일 이야기만 끝내고, 곧바로 "안녕히 계세요" 하는 것은 무미건조하다고 느껴질 때가 있죠.

이럴 때야말로 또 다른 화제를 꺼낼 차례입니다.

세일즈맨 : "그런데 아까부터 신경이 좀 쓰였는데, 그 손목시계 IWC것 아닌가요?"

고객 : "맞아요. 잘 아시네요."

세일즈맨 : "시계를 좋아해서 카탈로그 같은 걸 잘 보거든요. IWC는 저도 좋아하는 브랜드라, 마니아들은 '인타' 라고 부르죠?"

고객 : "이야, 기쁜데요. 이걸 알아주는 사람이 별로 없거든요."

세일즈맨 : "이 시계 갖고 있는 사람이 부러워요. 조금 봐도 될까요?"

고객 : "물론이죠. 자, 여기요!"

이 대화는 앞에서 불량식품가게의 화제를 사용한 영업의 다음 이야기였습니다. 그는 처음부터 상대의 시계를 신경 쓰고 있었지만, 타이밍을 노리고 있었던 것입니다.

이 대화에서는 세일즈맨이 평소 공부해 둔 시계에 대한 지식이 있어서 이 화제를 사용했습니다. 상대의 관심을 끌 만한 화제라면 다른 것도 괜찮습니다.

상담에 있어 마지막 잡담 찬스는 고객이 친절하게 엘리베이터나 출구까지 세일즈맨을 배웅해 줄 때입니다. 같이 걸어가면서 대화를 나눌 수 있다면 헤어질 때 산뜻한 마무리를 할 수 있겠죠? 마지막 잡담의 화제는 간단히 끝낼 수 있는 것으로 해야 합니다.

> 세일즈맨 : "이 건물은 아직도 새것 같네요."
>
> 고객 : "아뇨, 오래됐어요. 리모델링을 해서 그런가 봐요."
>
> 세일즈맨 : "그런가요? 하지만 새로운 인상을 받았어요."
>
> 고객 : "감사합니다. 뭐, 계약 기간에 비해서는 깨끗하게 보일 수도 있겠네요."(웃음)
>
> 세일즈맨 : "보이는 것도 중요하죠."(웃음)

예시로 든 세일즈맨은 처음에 이 건물에 들어왔을 때의 첫인상을 화제로 사용하였습니다. 마지막까지 편안한 분위기가 이어졌습니다. 다음에도 이 편안해진 분위기로 고객과 다시 만날 수 있을 것입니다.

잡담의 화젯거리는 많으면 많을수록 좋습니다.

여러분이 벌써 알아챘을 거라 생각하지만, 여기서 소개한 화제 모두 '상대와 가까운 화제'였습니다. 자신이 아니라 상대의 이야기를 화제의 중심에 둬서, 처음부터 끝까지 편안하게 말을 할 수 있었던 것입니다. 그 결과 일 이야기도 원활하게 진행되었습니다.

이렇게 되면, 더 이상 '그까짓 잡담'이라고는 할 수 없을 것입니다. 상대에게 가까운 화제를 사용하면 대체적으로 고객이 말을 하고 세일즈맨은 듣게 됩니다.

물론 대체적인 경우를 이야기하는 것입니다. 이런 공식이 절대적이지는 않습니다. 내가 준비하는 화제에 대해서도 상대가 잘 알고 있을 확률이 높을 뿐, 그렇지 않을 때도 있습니다. 이럴 때를 위해서라도, 제2, 제3의 화제를 준비해놓는 습관을 들여야 합니다.

말 없는 고객, 말 많은 고객, 바쁜 고객

고객도 사람이기에 여러 유형이 있기 마련입니다. 때문에 각 유형에 맞게 대응해야 하는 때가 있습니다. 그 예를 몇 가지 소개하겠습니다.

● 말 없는 고객을 만났을 때

아무리 말하기 편한 화제를 던졌다고 해도, 말 없는 사람, 즉 과묵한 사람은 생각만큼 입을 열어주지 않습니다. 말 없는 사람이라고 말하고 싶지 않은 것은 아닙니다. 이런 사람들의 경우 일단 말을 하게 되면 방어벽이 현격히 낮아집니다.

이것이 포인트입니다. 말 없는 사람은 말하는 속도가 느린 경향이 있습니다. 묻는 질문에 바로 대답하지 못하고, 천천히 생각하고 머릿속에서 정리해서 말하는 사람이 많죠. 그러므로 상대가 그다지 말을 안 한다고 해서 대답을 재촉하거나 다음 질문으로 넘어가면 역효과가 납니다.

이런 사람에게는 하나의 화제를 일단 던지면 인내심을 갖고 기다리길 바랍니다. 여유를 주기 위해 침묵하십시오. 느긋하게 기다리고 천천히 이야기를 들어주세요.

저도 이런 성격이라 이 유형의 사람들의 심리를 잘 압니다. 말주변이 없는 제 이야기를 주의 깊게 들어주는 상대에게는 그 누구라도 호의를 갖게 됩니다. 말 없는 사람에게 영업하는 사람이라면 '이 세일즈맨은 이야기를 천천히 들어주는 사람이구나' 하고 느끼게끔 행동해야 합니다.

● 말 많은 고객을 만났을 때

세미나 등에서 잡담 이야기를 하면 거의 이 질문이 나옵니다.

평소 말하기를 좋아하는 고객도 있겠죠. 앞에서 아이스브레이크 단계에서 고객이 말을 많이 할수록 좋다고는 설명했지만 인내심에도 한계가 있기 마련입니다. 업무적인 이야기를 꺼내지도 못한 채, 줄기차게 고객의 이야기만 듣는 것은 결코 쉽지 않을 것입니다.

하지만 이에 대한 저의 대답은, "마지막까지 쭉 계속 들어주세요"입니다.

이렇게 말하면 누군가 "어? 그러면 일도 못하고 쓸데없이 시간을 보내라는 건가요?"라고 물을 수도 있습니다.

하지만 그렇지 않습니다. 말을 참고 듣다 보면 상대에게 '이 세일즈맨은 다르다. 고객의 이야기를 잘 들어주는 사람이다'는 인상이 생깁니다. 이런 이미지는 앞으로의 관계를 지속시키는 토대가 될 수 있습니다. 적어도, '이 인간은 사람 이야기는 듣지도 않고 혼자서만 떠든다'는 느낌을 갖게 하는 것보다 훨씬 좋겠죠?

그러므로 필요 없는 이야기만 나온다는 생각이 들더라도 중간에 말을 끊지 마십시오. 차라리 업무 이야기를 포기하고, 듣는 것에 더욱 집중하길 바랍니다. 그리고 기왕 시간을 내어 듣는 거, 고개도 열심히 흔들면서 "그렇습니까?", "대단하네요!" 등의 리액션을 많이 하기 바랍니다. 그다음엔 영업이 훨씬 쉬워질 것입니다.

● 시간 없는 바쁜 고객을 만났을 때

이것도 잘 나오는 질문입니다.

"상대가 바쁜 것 같은데, 이쪽에서 느긋하게 잡담을 시작해도 좋은 걸까요?"

"어떤 경우라도 영업은 아이스브레이크부터 시작해야 하나요?"

당연한 의문입니다.

여기에는 상황에 따른 두 종류의 대답이 있습니다.

먼저, 상대가 감정적인 어조로 바쁘다고 말하는 것은 빨리 거절하고 싶을 때의 핑계일 수 있습니다. 이미 경계심이 최고치인 상태죠. 이런 상황에 아무리 서둘러 설명한다고 해도 결과는 뻔합니다.

이럴 때에는 아무것도 하지 말고 돌아가야 합니다. 적어도 이게 다음을 기약하는 길입니다. 오히려 끈질기게 굴면 안 그래도 좋지 않은 인상을 더 나쁘게 해서 스스로 다음 기회마저 없애게 됩니다. 그날 고객이 영업 당하고 싶지 않았던 이유가 분명히 있었을 것입니다. 이 무언가를 없애는 게 대화의 시작입니다.

다른 하나의 경우로 고객이 평소에도 바쁜 일정이 있는 유형입니다. 저도 몇 번 정도 경험한 상황입니다. 진심 어린 목소리로 시간이 없으니 짧게 부탁하고 싶다는 식으로 나온다면 아이스브레이크 단계는 불필요합니다. 상대는 이미 마음을 열고 상담할 자세가 되어 있기 때문입니다. 아이스브레이크가 왜 필요한지를 정확히 이해하고 있다면 여러분도 상황에 따라 잘 사용할 수 있을 거라고 생각합니다.

아이스브레이크로
나를 어필하라

여기까지 잘 따라오셨습니까?

잘 따라오셨다면 여러분은 아이스브레이크를 영업뿐만 아니라, 평소 사람을 사귈 때에도 자연스럽게 하고 있을 수 있습니다. 혹시 이것을 무의식 중에 실천하고 있었다면 앞으로는 의식해서 해보길 바랍니다. 자신의 협상력이 훨씬 나아지는 느낌을 받는 것은 물론 상대의 경계심을 제거하는 것 이상의 효과를 발휘할 수 있을 것입니다.

아이스브레이크의 목적은 상품이 아닌 자신을 간접적으로 홍보

하는 일입니다. 적어도 세 가지 측면에서 자신을 상대에게 어필하는 효과를 거둘 수 있습니다.

● 남다른 관찰력을 어필한다

상담 전에 상대와 가까운 부분들을 관찰하며 잡담에 쓸 만한 화제를 찾는 것에 대해선 이미 말했습니다. 이 행위 자체로도 상대에게 여러분의 관찰력이 남다르다는 점을 알릴 수 있습니다. 약간의 변화나 작은 차이도 알아채는 세심한 세일즈맨이라는 것을 은연중에 어필할 수 있습니다.

처음에 이런 인상을 줄 수 있다면 사람을 사귈 때에도 유리합니다. 잡담을 하기 위해 단순히 화제를 찾는다는 것을 넘어 나를 알리려는 의도도 함께 의식하길 바랍니다.

● 침착한 사람이라는 이미지를 어필한다

뭔가 화제가 될 만한 것을 흥미로운 눈으로 찾기 위해서는 긍정적인 마음뿐만 아니라 시간적인 여유가 필요합니다. 서두르면 못 보고 지나가는 것도 많기 때문입니다.

다시 말해 아이스브레이크를 위한 화젯거리를 찾기 위해서는 여유가 필요합니다.

저는 평상시 처음 만나는 고객에게 갈 때에는 약속시간 30

분 전에 도착합니다. 이렇게 해야 주위 풍경을 관찰할 수 있습니다. 마음이 느긋해지면 어느 상황에도 침착하게 대응할 수 있지요. 시간에 쫓겨 숨차하면서 뛰어 들어오는 세일즈맨보다 이렇게 하는 편이 신뢰감을 줄 것이라고 생각합니다. 첫인상은 작은 곳에서도 차이가 생기니까요.

● 상대의 이야기를 경청한다는 인상을 어필한다

상대로 하여금 말을 하게 한다는 것은, 뒤집어 말해 내가 잘 듣는다는 것입니다.

아무리 말하기 편한 화제라 해도 고객의 목소리를 세일즈맨이 건성으로 듣는다면 고객은 금세 말하고 싶지 않을 것입니다. 고객이 기분 좋게 말하게 하기 위해서는 이야기에 집중해야 하는데, 이게 생각보다 어렵습니다.

아무래도 습관처럼 다음 화제든, 이후의 전개를 생각하게 되기 때문입니다. 다른 생각으로 머리가 복잡하면 맞장구를 칠 타이밍을 놓치는 등 반응부터 둔해집니다. 그 결과 잘 쌓아 온 아이스브레이크의 효과를 없애버리기도 합니다. 참 안타까운 상황입니다.

아이스브레이크의 힘은 상대의 이야기에 100% 집중하는 것에서 나옵니다. 다음 일은 생각하지 말고 우선 이 단계를 정확히 달성하는 것을 목표에 둬야 합니다. 상대의 말을 전부 놓치지 않는다는 태도로 임해야 합니다.

상대의 이야기를 잘 듣는 자세는 당연히 상대의 눈에도 좋게 비치겠죠? 그러면 가끔 고객이 의외로 상담의 핵심이 될 만한 내용을 말하기도 합니다. 즉, 상대의 이야기를 잘 들어주는 사람이라는 인상을 여기서 확실하게 어필하는 것이 상담 전체의 성공률을 크게 올리는 방법입니다.

날씨 화제는 아이스브레이크에
어울리지 않는다?

H씨(세일즈맨) : "와, 오늘 날씨가 좋네요."

고객 : "그렇네요."

H씨(세일즈맨) : "정말 소풍 가기 딱 좋은 날씨네요."

고객 : "네…."

H씨(세일즈맨) : "그렇죠, 정말."

고객 : "…."

　보험영업을 하는 H씨는 어디에 가도 날씨를 화젯거리로 이야기를 시작하곤 합니다. 첫 잡담에서는 날씨 이야기가 좋다는 것을 어느 책에서 보았기 때문입니다. 그런데 상대로부터는 건조한 대답만 돌아와서 불편한 분위기에서 상담에 들어가야 했습니다. 당연히 마지막까지 고객은 무표정이었습니다. 그는 '분명히 날씨 이야기를 화젯거리로 사용했는데, 아무리 해도 분위기가 나아지질 않아. 역시 내 대화법이 이상한가?' 하고 생각했습니다.

다행히, 고민 끝에 지금은 몰라볼 정도로 달라졌습니다.

H씨(세일즈맨) : "오늘은 좀 빨리 도착해서, 옆에 있는 카페에 들어갔더니, '커스터드 푸딩 샌드'라는 재미있는 메뉴가 있던데 알고 계셨어요?"

고객 : "아, 그거요. 의외로 맛있어요. 샌드위치 안에 푸딩이 들어가 있는데 디저트랑 식사를 같이하는 느낌이라 저는 종종 먹어요."(웃음)

H씨(세일즈맨) : "그래요? 다음에 저도 먹어봐야겠어요. 푸딩 좋아하거든요."(웃음)

고객 : "네, 다음에 한번 드셔보세요."

상대와 가까운 화제가 잡담에 효과적이라는 사실을 알게 된 H씨는 항상 빨리 도착해서 근처의 가게를 돌아봤습니다. 그곳들에서 재미있는 광경이나 메뉴 등을 관찰하고 화젯거리를 찾았습니다. 효과는 날씨 이야기보다 빨랐습니다.

고객이 있는 곳 근처의 가게라면 대부분 들어가 본 적이 있을 테니 고객이 알고 있을 가능성이 높습니다. H씨는 잡담의 화제나 방법을 바꾸는 것만으로 상담이 수월해진다는 사실에 무척 놀랐습니다. 조금만 달리 생각해 보면 근처의 가게들이 효과적인 화젯거리가 된다는 점을 알 수 있습니다.

날씨 이야기로는 왜 분위기가 고조되지 않았던 걸까요?

날씨가 너무나 평범한 화제였기 때문입니다. 어떤 지역이든 아무데서나 사용할 수 있는 장점이 있는 반면에 앞에 대면한 고객만의 특별한 이야기는 될 수 없습니다. 화젯거리는 상대와 가까우면서 특수성이 높을수록 유리합니다. 이 사실을 알게 된 H씨는 잡담의 달인이라고 불리며 영업 성적도 항상 상위권을 차지하고 있습니다.

5

2단계
히어링
HEARING

고객이
본심을 말하지 않는 이유

아이스브레이크에서 상대의 방어벽을 낮췄다면 다음은 드디어
본격적으로 일할 차례입니다.

"오늘은 이 상품에 대해 이야기하고자 하는데 30분 정도 시간 괜찮으
세요?"

이런 말로 잡담을 끝내고 본론에 들어가겠다는 동의를 얻어야
합니다. 이때 인내심이 필요합니다. 상담 본론으로 들어가겠다는

다짐으로 상대에게 부담을 줘서는 안됩니다.

아이스브레이크 단계에서 상대와 편해졌다고 해서 갑자기 상품 설명을 시작하지 않고 히어링(경청)을 하려는 자세는 좋습니다. 하지만 아무리 상대의 방어벽이 낮춰졌다고 해도 아직은 불안정한 상태라고 생각해 두기 바랍니다. 조금이라도 상대가 경계할 만한 일을 하면 바로 방어벽이 높아지기 때문입니다. 이렇게 되면 서로 솔직해질 수 없습니다.

원래 고객이라는 사람은 세일즈맨에게 그렇게 간단히 본심을 말하지 않습니다. 끈질기게 팔려고 하면 더욱 강한 거부감을 보입니다. 새로운 재킷을 하나 사려고 마음먹고 가게에 들어왔는데 곧바로 점원이 가까이 와서 판매를 시작하려고 할 때를 생각해 봅시다.

점원 : "그 재킷은 올해 유행하는 색이에요."

고객 : "그런가요?"

점원 : "이런 디자인을 좋아하시나요?"

고객 : "아니요. 그냥."

점원 : "그럼, 일단 수치부터 재볼까요?"

고객 : "아니요, 됐어요. 보기만 할 거라서."

고객은 이 점원의 질문에 진지하게 대답하면 점점 판매를 강요해 올 것을 알고 있습니다. 그래서 무미건조한 대응을 하는 것입니다. 이런데도 계속 다가가는 건 역효과를 불러일으킵니다. 재킷이 마음에 들었다고 해도, 끈질기게 판매를 요구당해 사고 싶지는 않은 것입니다. 결국 빈손으로 가게를 나오게 되지요. 이런 경험은 여러분에게도 있을 것입니다.

요즘은 시중에 비슷한 물건이 넘쳐 나고 있습니다. 세일즈맨이 추천하는 물건을 그 자리에서 사지 않아도 같은 종류의 상품은 나중에 인터넷에서 간단히 살 수 있습니다. 고객은 가능한 기분 좋게 구매하고 싶어 합니다. 최대한 싸고 품질이 좋은 걸 말이죠.

고객은 세일즈맨의 감언이설에 넘어가 비싼 물건을 강요에 의해 사는 것을 극도로 싫어합니다. 때문에 상담 때 쉽사리 본심이 나오지 않는 것은 당연합니다. 그렇다고 포기하지 마세요. 방법이 있으니까요.

고객을 위한 진심이 정답이다

고객이 경계하고 본심을 쉽사리 말하지 않는 것은 본심을 말했다가 자신이 불이익 받을 상황을 피하기 위해서입니다.

그럼, 세일즈맨은 왜 고객의 본심을 끌어내려고 할까요?

상대에게 알맞은 프레젠테이션으로 상품을 구매할 확률을 높이기 위해서입니다.

이것은 정말 중요한 포인트입니다. 눈앞의 고객에게 파는 것만 목적으로 하는가 아니면 고객에게 딱 맞는 제안을 할 것인가에 따라 결과가 달라지기 때문입니다. 정답을 말씀 드리면, 신뢰를 쌓고 그 결과로 구매 의사를 듣는 것을 목적으로 해야 합니다.

고객에게 무엇인가를 팔려는 것과 구매 의사를 듣는 일은 같아 보여도 전혀 다릅니다. 무슨 일이 있더라도 팔려 한다면 사려는 고객마저 멀리할지 모릅니다. 일방적인 소통에 피해를 보는 당사자는 본인입니다. 자신이 상황을 주도하고 있다고 해도 말입니다. 하지만 '손님에게 최적의 제안을 하고 싶습니다. 그러기 위해서라도 손님의 진짜 마음을 들려주세요'라는 생각으로 임하면 다른 상황이 펼쳐집니다. 세일즈맨이 본심을 듣고 싶은 것은 모두 고객을 위해서이므로 고객이 상황을 이끌게 됩니다.

이렇듯 누구를 주인공으로 하느냐에 따라, 말하는 내용과 태도는 완전히 달라집니다. 그 차이는 명확하게 고객에게 전달됩니다.

고객이 '입으로는 좋은 것만 말해도 결국 자신의 실적이 우선이네'라고 생각할지, 아니면 '정말 고객인 나를 먼저 생각해 주는 것 같아'라고 판단할지 여부에서 큰 차이가 나는 것입니다.

고객을 위하는 척 연기를 하란 이야기가 아닙니다. 진심으로 상대의 본심을 듣고 싶다면 진정으로 상대의 이익을 먼저 생각해야 합니다. 물론 내가 손해를 보면서까지 하라는 것이 아닙니다. 서로에게 도움이 되는 방법을 찾는다는 것을 전제로 상대를 우선시하라는 것입니다. 이런 입장에서 고객을 대하면 여러분의 영업스타일은 물론 고객의 반응도 달라집니다.

경청할 때
흔히 하는 실수

"고객이 뭘 원하는지, 니즈needs를 잘 파악해 와!"라는 상사와 "알겠습니다, 니즈 말이죠?"라 말하는 초보 세일즈맨이 있습니다.

세일즈맨은 고객에게 가서, 다짜고짜 "바쁘시니 바로 본론으로 들어가겠습니다. 이 상품을 살 계획이 있습니까?"라고 질문합니다. 고객도 곧바로 응수합니다. "그런 계획은 없습니다"라고요.

더 이상 대화가 힘든 참으로 쌀쌀맞은 대답이네요.

고객의 이런 대답을 끌어내는 건 세일즈맨이 흔히 하는 실수입니다.

영업을 할 때 세일즈맨이 고객에게 가장 듣고 싶은 정보는 고객이 무엇을 필요로 하는지에 대한 정보, 즉 니즈입니다. 니즈를 파악하려는 의도는 바람직하지만 직접적으로 물어봐도 상대가 잘 대답해 주지 않는 경우가 많다는 점을 알아야 합니다. "니즈를 물어보고 와!"라는 식의 명령에 집착하게 되면 그 질문부터 물어보게 됩니다.

여기서 잠시 생각해볼까요?

니즈는 어쩌면 앞으로의 이야기일 수 있습니다. 지금은 여러분의 상품에 관심이 없더라도 앞으로 필요할 수도 있죠. 이렇게 되면 니즈라는 건 현재엔 알 수 없는 미래의 일이 됩니다.

누구라도 갑자기 평상시에 생각하지도 않은 미래의 일에 대한 질문을 받으면 잘 대답하지 못합니다.

예를 들어, 가정에서 아내가 "내일 저녁 뭐 먹고 싶어?"라고 물었습니다. 그러면 남편이, "음, 내일 저녁? 응, 아무거나 괜찮아"라고 말합니다. 자주 보는 광경이지요? 저희 집에서도 자주 있는 일입니다.

남편 입장에서는 딱히 의식하고 있지 않던 내일 저녁의 질문을 갑자기 받았을 때 대답하기도 힘들고 생각하는 것도 귀찮을 수 있습니다. 그래서 "아무거나 괜찮아"라고 성의 없이 대답해 버리는 것입니다.

　고객의 니즈를 묻는 행위도 이것과 같다고 볼 수 있습니다. 미래의 질문을 갑자기 받는다면, 대답하기 어려워서 적당히 얼버무리는 것입니다. 따라서 고객에게 갑자기 니즈를 물어서는 안 됩니다.

　그럼, 어떻게 하면 좋을까요?

고객의 니즈를
자연스럽게 묻는 세 가지 질문

니즈를 물어보면 안 된다 해도 묻지 않으면 다음 단계로 넘어갈 수 없습니다. 여기서 히어링의 장애물을 넘어야 합니다.

장애를 해결하기 위한 힌트로서 앞에서 말한 부부의 대화를 이어가겠습니다.

아내 : "저기, 어제 저녁 뭐였지?"

남편 : "어제는 돈가스지 않았어?"

아내 : "그렇네. 그리고, 오늘은 나베 요리를 먹었고."

남편 : "응, 맛있었어."

아내 : "그럼, 내일은 저녁 뭐 먹지?"

남편 : "조금 담백한 게 좋을 거 같아."

이것이 답입니다. 무슨 말인지 파악하셨나요?

갑자기 내일 저녁을 묻는 것이 아니라 어제, 오늘 있었던 일을 물어본 다음에 내일에 대해 묻는 것입니다. 앞과 똑같이 마지막에 내일 저녁에 무엇을 먹을 건지에 대해 물었는데, 이번에는 적어도 '이런 것이 먹고 싶다'는 대답을 자연스럽게 끌어낼 수 있었습니다. 이처럼 미래의 일(니즈)를 묻고 싶으면 과거에서부터 물어봐야 합니다.

이번에는 비즈니스 상황에서 살펴보도록 합시다.

세일즈맨 : "실례지만, 이 상품을 지금껏 써본 적이 있습니까?"

고객 : "아, 이거요? 비슷한 거라면 사용해 본 적 있어요."

세일즈맨 : "그래요? 혹시 지금까지도 사용하고 계신가요?"

고객 : "지금은 안 쓰는데요."

세일즈맨 : "그렇군요. 왜 안 쓰게 되셨나요?"

고객 : "매번 점검하는 게 힘들어서요."

세일즈맨 : "아, 그랬군요. 혹시 점검이 손쉬워진다면, 다시 한번 사용하겠습니까?"

고객 : "사용할 것 같아요. 편리한 상품이니까요."

어떻습니까? 고객이 부드럽게 대답하고 있습니다. 모든 상황에서 이 방법으로 대화가 잘 풀린다고 할 수는 없지만, 적어도 고객의 대답을 쉽게 유도하는 것은 사실입니다.

영업할 때도 과거, 현재 순서로 듣고, 그 후 미래를 들으면 아래 세 개의 질문에서 고객의 요구를 끌어내기 수월합니다.

"○○을 본 적이 있습니까?"

"○○을 쓴 적이 있나요?"

"○○을 알고 계셨나요?"

이런 식으로 여러분의 상품(또는 유사상품)에 대한 질문을 고객에게 해 보기 바랍니다.

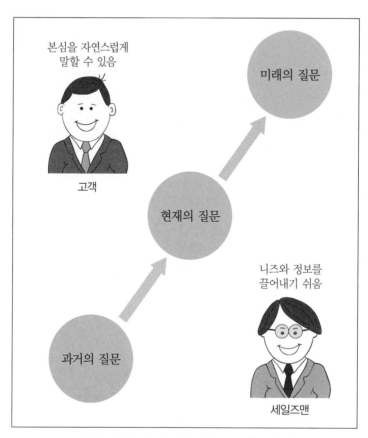

본심을 자연스럽게
말할 수 있음

고객

미래의 질문

현재의 질문

니즈와 정보를
끌어내기 쉬움

과거의 질문

세일즈맨

〈그림5〉 고객의 니즈를 자연스럽게 묻는 세 가지 질문

히어링에 필요한
질문

히어링 단계에서는 상대의 니즈를 파악하는 게 매우 중요합니다. 그것만 알 수 있다면 다음 단계인 프레젠테이션에서 어떻게 대응할지에 대한 방법이 보입니다.

그렇지만 아직 빠진 게 있습니다. 바로 사전지식입니다. 상대가 내 상품에 대해 얼마나 알고 있는지 확인할 필요가 있기 때문입니다. 대략 이런 대화입니다.

> **세일즈맨** : "○○에 대해서 알고 계십니까?"

고객 : "아, 조금은 알고 있어요."

세일즈맨 : "그렇습니까, 어디까지 알고 계신가요?"

고객 : "음, 친구가 갖고 있는 걸 본 정도?"

세일즈맨 : "아, 그렇군요. 감사합니다."

지식에 대해서도 앞에서와 같이 과거 질문부터 시작한다면 원활하게 물을 수 있습니다. 그러면 왜 이런 질문이 중요한 걸까요?

예전 영업계 선배들의 말을 들어보면 히어링이 지금처럼 중요하지 않았습니다. 하지만 지금은 고객의 이야기부터 잘 듣는 게 필수 중 필수입니다. 그 이유는 인터넷과 여러분이 경쟁하고 있기 때문입니다. 여러분은 인터넷이란 경쟁자와 다른 무언가를 고객에게 보여줘야 합니다.

과거 인터넷이 없던 시대에는 상품에 대한 정보는 카탈로그와 세일즈맨, 가게의 점원으로부터 나오는 게 보통이었습니다. 그래서 파는 사람 입장에서는 고객의 상품 지식은 처음부터 없다고 생각하고 대응해 왔었죠. 그래서 당시 세일즈맨은 얼마나 상품에 대해 유창하게 잘 이야기할지에 노력을 기울였습니다. 이제 옛날 이야기일 뿐입니다. 인터넷으로 누구나 자유롭게 상품 정보에 대해 검색할 수 있는 세상이 된 덕에, 고객이 때때로 여러분보다 더 많

117

은 상품 지식을 알고 있는 경우가 생기곤 합니다. 그래서 상대에 대한 대응이 일률적일 수가 없습니다.

이미 사전지식이 있는 고객에게 처음부터 설명해 버리면 자신을 무시한다는 반감만 살 뿐입니다. 애써 사러 온 고객을 놓치는 경우 중 상당수가 이런 원인 때문입니다.

고객은 자신이 알고 있는 것을 세일즈맨으로부터 들으면 매우 싫어합니다. 알고 있는 것을 들었을 때에는 듣고 있는 척을 하고 있지만 속으로는 '날 무시하는 이 세일즈맨한테는 안 살 거야'라고 생각하기도 합니다. 그리고 설명이 끝나면 조용히 가버립니다.

세일즈맨 입장에서는 그냥 '고객에게 그다지 필요한 게 아니었구나'라고 생각하며 같은 실수를 반복할 뿐입니다. 실상은 '필요하지만, 그 세일즈맨이 싫어서 안 샀어'라는 최악의 상황이 벌어지고 있는데도 말입니다. 고객의 기분을 알아채지 못한 채, 같은 실수를 계속하는 위험한 상태가 벌어지겠죠?

그러므로 먼저 눈앞의 고객에게 자신의 상품에 대해 어느 정도 지식이 있는지를 듣고 확인해 둬야 적절한 프레젠테이션을 할 수 있습니다. 요즘에는 히어링의 필수 항목이 '니즈'와 '사전지식'이라는 것을 다시 한번 기억하시기 바랍니다.

숨은 니즈는
프레젠테이션 최대의 무기다

니즈에 대해 좀 더 알아보겠습니다.

니즈에는 '보이는 니즈(표면적 니즈)' 외에도 '숨은 니즈(이면적 니즈)'가 있다는 사실을 알고 계십니까?

이를 잘 이해해서 실전에 활용할 수 있다면 다음 단계인 프레젠테이션과 그 후 클로징 단계에서 강력한 무기가 될 수 있습니다.

예로 안경점에 고객이 들어왔다고 해 보겠습니다. 보통 이런 대화가 오가겠죠?

점원 : "어서 오세요. 무엇을 찾으세요?"

고객 : "안경을 좀 새 걸로 하려고 하는데…."

점원 : "그러세요, 어떤 안경이 좋으세요?"

고객 : "글쎄, 색이 좀 들어간 프레임이 좋아요."

점원 : "그렇군요, 원하시는 색이 있으신가요?"

고객 : "음, 빨강이나 파란색이 좋을 것 같아요."

점원 : "알겠습니다, 몇 개 갖고 올게요."

이것이 보이는 니즈에 대한 반응입니다. 고객이 말하는 것에 응하고 있으므로, 얼핏 보기에는 올바른 응대처럼 보입니다. 하지만 이 정도로는 뭔가 아쉬운 대응이라고 할 수 있습니다.

이번에는 다른 점원을 예로 들어 보겠습니다.

점원 : "어서 오세요, 무엇을 찾으시나요?"

고객 : "안경을 새로 하려고요."

점원 : "그러세요? 참고를 하려고 하는데 지금까지 어떤 안경을 쓰셨나요?"

고객 : "이건데, 좀 딱딱한 이미지가 있어서…."

점원 : "그렇군요, 이미지를 바꾸고 싶으시다는 건가요?"

고객 : "네, 좀 밝은 느낌으로 하고 싶은데요."

점원 : "예를 들면요?"

고객 : "예를 들면, 소개팅에 나갔을 때 너무 범생으로 보이지 않을 정도의 느낌?"

점원 : "아, 그렇군요. 지금 안경이 좀 딱딱한 느낌이긴 하네요."

고객 : "그렇죠? 이걸 어떻게 좀 하고 싶어요."

점원 : "알겠습니다. 몇 개 갖고 올게요"

어떻습니까? 여러분이 점원이라면 어느 쪽이 팔기 쉬울 것 같습니까? 그리고 여러분이 고객이라면 어느 점원에게 살 것 같습니까? 아마도 후자일 것이라 생각합니다. 그리고 후자의 점원이 알아낸 것은 그야말로 숨은 니즈인 것입니다.

보이는 니즈는 말 그대로 고객이 원하는 사항으로 직접 눈에 보이는 것을 가리킵니다. 반면 숨은 니즈는 주로 고객이 그 상품을 필요로 하는 이유 안에 존재합니다.

안경점에 들린 고객은 많은 경우 안경이 목적이 아닙니다. 안경을 바꿈으로써 얻어지는 무언가가 필요해서 사러 가는 경우가 많죠. 앞 이야기에서는 너무 착실한 인간이라고 판단되지 않는(특히 이성에게) 스타일을 하고 싶다는 것이 그 무언가에 해당됩니다.

그러므로 '어떤 안경?'이라는 형태의 질문이 아니라 "왜 안경을 바꾸고 싶으신가요?"와 같은 질문을 던지고 대답 그 자체를 넘어 고객의 기분까지 파악할 수 있도록 집중하면 좋겠습니다.

여기에는 연습이 필요합니다. 모든 것에는 눈에 보이는 부분뿐만 아니라 숨겨진 부분도 있다는 점을 의식해 주위를 살펴보십시오. 고객을 만날 때도 그가 원하는 게 상품 자체인지 아니면 이 상품을 사용해서 얻어지는 무엇인지를 세심히 살펴야 합니다. 관찰력이 예민해질수록 여러분은 실적 좋은 세일즈맨이 될 수 있을 것입니다.

히어링에 성공하려면
영업하지 말라

지금까지 똑바로 상대의 본심을 들어야 한다는 것, 본심을 끌어내는 데에는 과거에서 현재 그리고 미래의 순서대로 물어보면 좋다는 사실 등에 대해 이야기했습니다.

마지막으로 히어링을 성공시키기 위한 최대의 기술을 알려드리도록 하겠습니다. 바로 영업하지 않는 것입니다.

물론 여러분은 세일즈맨이고 열심히 영업을 성사시키기 위해 뛰고 있겠지만 그래도 한 번 더 말하겠습니다. 히어링 단계에서는 절대 영업을 하면 안 됩니다.

히어링을 할 때는 편견 없이 현재 상황을 확인하는 데 중점을 둬야 합니다. 덧붙이자면, 눈앞의 고객이 자신의 상품을 제안하는 데에 걸맞은 상대인지 확인하는 작업인 것이죠.

어쩌면 고객은 여러분의 상품과 안 맞을 수도 있고, 오히려 경쟁사의 상품이 고객에게 더 어울릴지도 모릅니다. 이것을 알아내는 단계가 바로 히어링입니다. 때문에 아직 내 이야기를 할 단계가 아닌 것입니다. 직종으로 비유하자면 히어링은 일종의 리서치 research 작업입니다.

내가 정확한 정보를 듣기 위해서는 상대의 기분이 편안해야 합니다. 여기서 판매자의 냄새를 풍기게 되면 상대는 곧바로 경계심을 발동시킵니다. 상품에 대해 냉정하게 검토하는 것을 관두고 거절하는 모드로 바뀝니다. 처음부터 내 상품에 전혀 관심이 없을 사람에게 판촉을 하는 것은 아무 의미도 없을뿐더러 성과도 나오지 않습니다.

히어링은 정확하게 상대의 상황을 파악하고 상대에게 딱 맞는 프레젠테이션을 하기 위해 필요합니다. 즉, 정확하게 상대의 상황을 파악하는 것이 이 단계의 목적입니다.

따라서 이런 마음으로 접근해야 합니다.

'파는 것은 아직 앞으로의 일이니까, 지금은 냉정하게 상대를 알아가

는 것에 집중하자.'

이와 같은 생각으로 임한다면 상대도 부담을 느끼지 않고 여러분의 의도에 맞게 잘 응해 줄 것입니다.

고객이 애매모호한 대답만 한다고 불평하거나, 끝내 팔지 못하는 세일즈맨은 히어링을 할 때 마음가짐이 안 갖춰졌을 가능성이 큽니다. 잘 파는 세일즈맨은 '영업하지 않는' 히어링을 무의식적으로 하고 있습니다.

상대의 본심을 듣고 니즈와 지식을 확인했다면 이제 다음 단계로 넘어가볼까요?

무응답은
리액션 부족이 원인이다

D씨(판매원) : "그런데, 지금까지 주스 제조기를 사용해 본 적
이 있습니까?"

고객 : "있어요."

D씨(판매원) : "지금도 사용하나요?"

고객 : "요즘에는 별로 사용하지 않아요"

D씨(판매원) : "앞으로 쓸 계획이 있나요?"

고객 : "아니요. 그다지…."

 가전판매점에 근무하고 있는 판매원 D씨는 고객의 말을 경청하
는 일이 중요하다는 사실을 듣고 항상 실천하고 있었습니다. 질문
할 때에도 과거, 현재, 미래의 순서로 물으면 대답하기 쉽다는 것
을 알고 충실히 실행했습니다.

그런데 어떤 고객의 경우, 미래의 질문에는 대답해 주지 않았습니다. 그대로 이야기는 끝나버렸습니다. 물론 상품은 팔지 못했지요.

저는 그의 히어링 습관을 체크하여 조언해 주었습니다. 그러자 고객의 반응이 확 달라졌다고 합니다.

D씨(판매원) : "그런데, 지금까지 주스 제조기를 사용해 본 적이 있으세요?"

고객 : "있어요."

D씨(판매원) : "아, 그래요? 그러면 지금도 사용하고 있으신가요?"

고객 : "아니요, 지금은 별로 사용하지 않아요."

D씨(판매원) : "그렇군요! 이유가 뭘까요?"

고객 : "그냥 매번 씻어 놓는 게 귀찮아서…."

D씨(판매원) : "그렇습니다. 주스 제조기는 사용하고 난 후에 씻기 힘들죠."

고객 : "주스는 맛있는데, 그다음이 귀찮아서…."

D씨(판매원) : "맞아요. 그런데 제가 가져온 신상품은 씻는 게 아주 간단해요."

고객 : "어, 정말이요? 좀 보여줘봐요."

눈에 띄게 고객과의 대화가 활기를 띠고, 판매 실적도 쑥쑥 올랐습니다. 예전과 어떤 게 달라졌을까요? 정답은 리액션, 즉 반응입니다.

제가 D씨에게 한 조언은 "상대의 대답에 대해 반드시 리액션을 하세요"였습니다. 단지 이것만으로도 고객의 반응이 180도 달라질 수 있습니다.

처음과 비교해 보면 기존에 D씨는 고객이 자신의 질문에 대답할 때 리액션 없이 다음 질문을 했습니다. 고객으로서는 '질문에 일일이 대답해 주었는데 내 말에 관심이 없다'고 느꼈을 것입니다. 질문을 하고 대답을 받았으면, 그것에 대해 '대답해 줘서 고맙다'는 감정이 드러나야 합니다. 그게 바로 리액션입니다. 리액션은 다음 질문으로 이어지는 연결 고리라고 할 수 있습니다.

리액션을 못하는 것은 고객의 말을 경청하기보다 '다음에 어떤 질문을 할까' 등 머릿속으로 딴생각을 하고 있기 때문입니다.

상대의 대답에 집중해야 자연스럽게 리액션을 할 수 있습니다.

6

3단계

프레젠테이션
PRESENTATION

원래 고객은
설명을 듣지 않는다

   4단계 영업상담 기술도 어느덧 여기까지 왔군요. 골인까지 조금
만 더 분발하도록 합시다.

   여러분은 아이스브레이크로 상대의 방어 심리를 허물고, 상대
가 본심을 드러내기 쉽도록 말을 경청했습니다. 이 프레젠테이션
단계에서 여러분은 히어링 단계에서 얻은 정보를 기초로 일종의
제안을 하게 될 것입니다.

   그전에 프레젠테이션 시 일어나기 쉬운 실수를 재확인해 두도록
하겠습니다. 애써 여기까지 왔는데 프레젠테이션에서 실패한다면

모든 것이 물거품이 되어 버리니까요.

세일즈맨이라면 자주하는 멘트들이 있습니다. 대략 이런 말들이죠.

"조금이라도 괜찮으니, 이야기 좀 들어주세요."

"시간이 없으니, 설명만 하고 돌아가겠습니다."

"마지막까지 이야기를 들으시면, 분명히 납득하실 겁니다."

이런 말들의 이면을 생각해 보면 '일단 설명만 하면 팔린다'는 심리가 숨어 있습니다.

여러분은 어떻습니까? 일단 고객을 잡아서 설명하는 것에 중점을 두고 있지는 않습니까? 설명만 한다면 정말로 상대가 들어줄까요? 제 의견으로는 대부분 그렇지 않습니다.

상품에 대해 막힘없이 잘 설명하면 상대가 더 잘 들어줄 것이라는 건 세일즈맨의 착각입니다. 그럴 일은 없습니다.

자료 준비에 있어서도 마찬가지입니다. 예쁘고 보기에 좋은 자료를 작성하는 데 며칠이나 시간을 들이는 사람을 종종 보곤 하는데 그 노력에 보답하는 결과가 나왔던 경우는 저는 별로 보지 못했습니다. 말하는 방법이나 자료가 상대에게 어떻게 보일지에 너무 집착하면 핵심을 놓칩니다. 그러면 시간을 아무리 할애한다 해도 고객은 응하지 않을 것입니다.

고객은 세일즈맨의 설명 따위에 관심이 없습니다. 우선 조용히 듣고 있는 것처럼 보여도, 머릿속으로는 딴생각을 하고 있는 경우가 많습니다. 여러분도 이런 경험이 있을 것입니다.

고객들 중에도 자신이 하고 싶은 말이 많은 경우가 있습니다. 말이 지루하게 이어지는 고객의 말에 고개를 끄덕이면서도 '어디쯤에서 일 이야기를 할까'라고 생각한 적 없나요? 고객의 말을 한 귀로 듣고 한 귀로 흘리며 들어주는 척할 때 말입니다.

세일즈맨이 일방적인 설명을 하면서 고객의 말에 리액션도 없고 아무런 질문도 하지 않는다면 고객의 느낌은 뻔합니다. '고객인 내 말은 전혀 듣고 있지 않다'고 판단하겠죠. 이처럼 세일즈맨만 좋자고 하는 상품 설명은 실패로 끝날 가능성이 큽니다. 그럼에도 습관처럼 본론부터 설명하고자 하는 것은 과거의 편견을 지울 수 없기 때문입니다.

히어링 단계에서도 이야기했지만 인터넷이 보급되기 전의 영업 수단은 한 사람에게라도 많은 사람에게 설명하는 것이었습니다. 그때는 재미있게 말하는 방법만 터득해도 계약 성사율이 어느 정도 보장됐습니다. 즉, 목소리가 크고 말 잘하는 세일즈맨이 실적도 좋았던 시대였죠.

여러분이 이 같은 과거의 편견에 사로잡혀 있다면, 아마 그 이유는 아직도 여러분의 회사에서 영업사원들에게 상품 설명만 집중하는 연습을 시키고 있기 때문일 것입니다.

저는 4단계 영업기술의 흐름을 정확히 이해하고, 처음부터 순서대로 실천했는데도 불구하고 프레젠테이션을 할 때 편견을 떨쳐내지 못하고 이전 방식으로 설명하는 사람을 몇 명이나 봐 왔습니다. 습관이 발목을 잡고 있는 것입니다.

프레젠테이션은 설명을 잘하는 것이 아니고, 보기 좋은 자료를 필요로 하는 것도 아니라는 사실을 다시 한번 확인해 두기 바랍니다.

고객이 듣고 싶은
설명은 따로 있다

그렇다면 고객은 아무 설명도 듣고 싶지 않은 걸까요? 그렇지 않습니다. 상품에 대해서 좀 더 구체적으로 알고 싶을 때에는 고객이 먼저 설명을 요구합니다.

전에 노트북을 바꾸려고 가전제품 판매점에 갔습니다.

필요한 기능을 갖고 있으면서도 제 예산과 맞는 노트북을 찾는 일은 매우 힘들었습니다. 너무나 많은 상품이 선택에 어려움을 주었기 때문입니다. 그래서 저는 점원에게 물었습니다.

나 : "지금 이 정도의 노트북을 찾고 있는데요."

점원 : "이 노트북 말씀이군요. 예산은 어느 정도이신가요?"

나 : "가능하면 10만 엔 내로 생각하고 있습니다."

점원 : "그러시면, 이 기종과 비슷한 게 맞을 것 같네요."

나 : "그렇군요."

점원 : "이 기종은 지금 이벤트 중이라서 할인이 가능합니다."

나 : "그래요?"

점원 : "게다가 보고 계신 건 전시품이라서 더 싸게 사실 수 있어요."

나 : "아…."

그 점원은 가격에 관한 것 외에는 다른 관심이 없었습니다. 예산에 대해선 점원이 굳이 물어봐서 대답한 것이지 크게 고려한 사항이 아니었습니다. 저는 이야기를 듣고 싶은 마음이 사라져 다른 가게로 발걸음을 옮겼습니다. 거기서도 점원에게 같은 질문을 해보았습니다.

나 : "지금 이 정도의 노트북을 찾고 있는데요."

점원 : "그러세요? 보통 어떤 용도로 사용하실 예정이신가요?"

나 : "글쎄요, 이메일과 인터넷 그리고 문서입력 정도일 것 같네요."

점원 : "그렇군요. 이동하면서 쓸 일은 있으신가요?"

나 : "네. 전철 안에서도 사용할 일이 있으니까요."

점원 : "그러시군요. 고객님께는 가볍고 사이즈가 작은 제품이 좋다고 생각되네요. 너무 작아도 화면 보기가 힘들어지니까 무엇을 중시할지 밸런스를 맞춰야겠어요."

나 : "맞아요. 그래서 고민이에요."

저는 이 점원과 여러 이야기를 나누면서 결국 제게 딱 맞는 노트북을 함께 찾았습니다. 당초 생각한 예산을 넘겨버렸지만 무척 만족했습니다. 제가 찾았던 건 단순히 싼 가격이 아니라 사용하기 편한 기능이었기 때문입니다.

아무리 싸게 샀다고 해도 사용해 보니 노트북 화면이 너무 작든 해서 불편한 점이 발견됐다면, 고객은 그 쇼핑은 실패했다고 생각할 것입니다. 제 이야기를 보더라도 고객이 상품을 사용하고 싶은 이유에 중점을 두고 설명하도록 신경 쓰는 게 좋습니다.

100명에게는
100개의 설명이 존재한다

상품 설명에 있어 정답이 있을까요?

옛날과 달리 모든 고객에게 같은 설명을 해도 물건이 팔리던 시대는 끝났습니다. 요즘 시대는 개개인에 맞춰 대응할 수 있는 설명법이 필수가 되었습니다. 같은 맥락에서 고객의 이름만 바꿔 같은 내용을 돌려가며 사용해 왔던 제안서의 효과도 크게 줄었습니다. 매뉴얼화되었던 영업상담 방식의 유통기한이 끝나버린 것이죠.

이런 분위기는 현장의 세일즈맨이 가장 절실하게 느끼고 있을 것입니다.

고객은 세일즈맨의 말이든, 메일 속 문장이든 간에, 상품 사이트에 기재돼 있는 페이지의 내용만으로도 구매 결정을 내릴 수 있습니다. 다만 '이것은 나를 위한 물건이다'라고 느껴지지 않으면 지갑을 열지 않을 뿐입니다. 반대로 말하면, '이것은 손님만을 위한 설명입니다'는 느낌이 고객에게 전달되면 고객은 귀를 열고 들어준다는 것입니다. 앞으로의 영업, 특히 경쟁하는 회사가 많은 상황에서는 각각의 고객에 맞춘 설명을 하지 않으면 고객은 들어주지도 않을뿐더러 물건도 팔리지 않을 것입니다.

한 생수 상품이 있다고 합시다. 단순한 제품이지만 필요로 하는 사람의 니즈에는 여러 가지가 있을 수 있습니다.

- 목마름을 해결하고 싶다
- 더워서 물을 뿌리고 싶다
- 요리를 만들기 위해 물이 필요하다
- 신발의 얼룩을 지우고 싶다
- 상처를 닦아내고 싶다

물이 필요하다는 사람에게 어떤 용도로 쓸 것인지를 명확히 확인하지 않으면 그 사람의 숨은 니즈에 적합한 물을 제공할 수 없습니다.

이런 사고법은 여러분이 다루고 있는 상품에도 적용할 수 있습니다.

고객은 어떤 물건을 세일즈맨이 생각하고 있는 것 이외의 용도로 쓰고 싶어 하거나 생각지도 못한 부분에서 장점을 느끼고 있을 수도 있습니다. 이런 의미에서 100명이 있으면 100개의 숨은 니즈가 존재하고, 그것에 대한 프레젠테이션도 100개가 필요하다고 말해도 과언이 아닐 것입니다.

이와 같이 프레젠테이션은 여러 상황에서 여러분이 고객에게 딱 맞는 설명을 하기 위한 방법입니다.

고객의 말에
영업 성공의 실마리가 있다

오랫동안 여러 세일즈맨을 보면서 느낀 점은 많은 세일즈맨이 '영업이니까 이렇게 해야 된다'는 고정관념에 사로잡혀 있다는 것이었습니다.

예를 들어, 고객의 기분을 관찰해서 앞서 말하는 것에 능한 세일즈맨이 있다고 합시다. 그는 상대의 마음을 읽고 그것을 정확히 맞혀서 '이 세일즈맨이 잘 알아주고 있구나'라고 어필하고 있다고 믿고 있습니다.

실제로 그것이 가능하다면 그는 상당한 톱 세일즈맨이 되었을 것입니다. 그러나 저는 상대의 마음을 읽는다는 건, 심리학자나 특수한 능력을 가진 사람이 아니고서는 무리라고 생각합니다.

고객의 마음을 어설프게 행동으로부터 읽어내려고 해도, 적어도 초보에게 가능할 리 없습니다. 상대가 스스로 본심을 털어놓도록 접근하는 것이 가장 현명한 지름길입니다.

한편, 상대의 기분을 읽는 것과 관련하여 많은 세일즈맨이 상대가 기분을 드러내기 전에 본인이 맞히는 게 좋다고 생각하는 경향이 있습니다. 예를 들면 이런 식입니다.

> 세일즈맨 : "좋아하시는 색이 빨간색입니까?"
>
> 고객 : "그렇습니다."

이와 같이 세일즈맨이 상대의 말을 대변하려는 상태를 말합니다. 하지만 진짜 유능한 세일즈맨은 상대의 대답을 이끌어내는 대화를 합니다.

> 세일즈맨 : "어떤 색을 좋아하시나요?"
>
> 고객 : "빨간색이요."

고객의 대답이 예상된다 해도, 일부러 고객이 대답하게끔 유도

하였습니다.

이 두 가지 예가 같아 보일 수 있지만, 실제로는 큰 차이가 있습니다. 후자는 상대의 대답을 유도하고, 이후 상대에게 맞춤형 설명을 하는 데 매우 효과적입니다.

"빨간색이 좋다고 하셔서, 빨강을 강조해서 생각해 봤습니다."
"빨간색이 좋다고 하셔서, 이런 배색으로 해 봤습니다."

이와 같이, 프레젠테이션을 할 때도 상대의 말을 그대로 활용한다면 '손님의 의견을 확실히 반영하여 손님만을 위해 준비했다'는 느낌을 전달할 수 있습니다.

사람은 누구나 자신이 한 말에 책임을 지고 싶어 합니다. '이것은 손님이 말한 거예요'라는 느낌을 준다면 최고의 설득력을 지니게 될 것입니다.

유능한 세일즈맨은 이것저것 예측해서 먼저 말하거나 행동하지 않습니다. 순수하게 질문하고, 그 대답을 확실하게 응용할 뿐입니다. 이를 위해 상대가 한 말은 정확하게 받아들이도록 노력해야 합니다. 상담 중에 고객이 하는 말 속에는 중요한 키워드가 많이 들어 있기 때문입니다.

같은 말도
다르게 하는 방법

상품을 설명할 때, 네 가지 설명방법이 있다는 것을 알고 계십니까? 아마 여러분도 무의식적으로 사용하고 있을 거라 생각하지만, 유능한 세일즈맨은 용도에 맞게 적절히 사용해 설득력을 높입니다.

하나씩 살펴보도록 합시다.

① 세일즈맨의 입으로 설명하기

보통 많은 사람들이 하고 있는 상품 설명방법입니다. 그런데 상대가 경계심이 강할 때에는 들어주지 않으니 주의해야 합니다. 또한, 고객이 '이 설명은 나하고 상관없는데'라고 생각한 시점에서는 실패가 확정적입니다. 천천히 고객이 원하는 사항을 체크하지 않으면, 성과가 나지 않을 것입니다.

사람이라면 일방적으로 이야기를 계속 듣게 될 때 적지 않은 고통을 느낍니다. 고객이 고충을 느끼지 않게끔 방안을 궁리해야 합니다. 어느 정도 연출도 필요합니다. 복잡하게 생각해야 하기에 저는 추천하지 않는 방법입니다.

② 제3자의 의견을 소개하기

세일즈맨이 아무리 열을 내 설명을 한다고 해도, 세일즈맨 당사자에 대한 신용이 없는 때에는 아무 소용이 없습니다. 이때 생각할 수 있는 게 믿음이 갈 만한 제3자의 의견을 사용하는 것입니다. 부족한 신용도를 만회하는 수단으로 말입니다. 세일즈맨의 말만으로, "지금 엄청 팔리고 있어요. 지금 절대로 사야 돼요!"라고 하지 않고 "이 데이터를 봐 주세요. 작년부터 판매가 급격하게 늘고 있는 것을 알 수 있습니다"라고 자료를 보여주는 것으로 꽤 효과적입니다.

자신이 전달하고 싶은 것이나 강조하고 싶은 것을 말로만 설명하려고 하면 안 됩니다. 되도록 고객이 믿을 만한 자료로 정보를 전달하는 습관을 기르는 게 좋습니다. 말하고 싶은 것이 있다면 말하지만 말고 침묵하고 보여주는 것, 제가 제시하는 기본스타일이라고 할 수 있겠습니다.

③ 고객과 대화하면서 설명하기

고객이 무엇을 생각하는지 어디에 관심이 있는지 모르는데 일방적으로 설명하는 것은 현명하지 않습니다. 대화할 때 어디에 중점을 둬야 할지 모르기 때문입니다. 이런 때 저는 설명을 하면서 질문을 섞는 방법을 추천합니다.

세일즈맨 : "그럼, 이것에 대해 자세히 설명 드릴게요. 혹시 본 적이 있으신가요?"

고객 : "옛날에, 딱 한 번 본 적 있어요."

세일즈맨 : "아, 그렇습니까? 언제입니까?"

고객 : "20년 정도 된 것 같아요."

세일즈맨 : "그렇군요. 그럼, 그때와 비교해 보면서 들어주세요."

하나의 설명을 할 때마다 고객의 이해를 확인하는 질문을 넣는 방법입니다. 설명이 끝난 후에도, "여기까지 질문은 없으신가요?"

라고 확인하면서 다음 단계로 넘어가야 합니다.

이렇게 함으로써, 실상은 일방적인 설명이라도 고객은 세일즈맨과 대화하고 있다는 느낌을 줄 수 있습니다. 영업하는 쪽도 안심하면서 설명을 계속할 수 있고, 고객 측에서도 집중할 수 있는 방법인 셈이죠. 양쪽에 유용한 설명법입니다.

특히 시간이 부족할 때 유용합니다. 고객의 요구사항은 히어링 단계에서 파악해야 하지만, 현실적으로 시간을 그리 들이지 못할 때 효과적입니다. 히어링 단계와 프레젠테이션을 동시에 진행하는 느낌이라고 보면 될 것입니다.

④ 자신의 체험담을 이야기하기

저는 세미나 등에서 많은 사람과 이야기할 때 절실히 느끼는 게 있습니다. 그것은 일반적으로 이야기할 때와 제 자신의 경험담을 털어놓을 때 듣는 사람의 반응에 차이가 있다는 것입니다. 체험담을 이야기할 때 사람들은 압도적인 비율로 들어주는 편입니다.

"실제로 저도 사용해 봤는데요. 보기보다 가볍고 이동하기 쉬워요."

"처음엔 효과가 별로 없었어요. 그런데 3회째부터 변화가 오기 시작하더라고요."

이와 같이 실제로 자신이 보거나 사용했던 감상을 말하면서 설명하면 상대에게 강하게 전달됩니다. 저도 지금은 세미나에서 무언가를 설명할 때 체험담 위주로 말하고 있습니다.

당사자의 체험담이 고객에게 잘 전달되는 이유는 리얼real하기 때문입니다. 눈앞의 사람이 실제로 해 본 감상이기에 이야기에 현실성이 있습니다. 사용해 본 감상과 그때의 기분 또는 위화감 등, 솔직한 평이 고객의 마음을 울리게 되는 것입니다. 실패한 경험을 잘 활용하는 것도 좋습니다.

"저도 여러 방법을 써봤지만, 최종적으로 이 방법을 쓰게 됐어요."

이렇게 말하면 고객은 이 사람은 여러 가지를 해 보고 그중에 정답을 찾은 것 같으니 믿어도 될 만하다는 느낌을 받습니다. 실패를 반복해 어떤 결론에 이르렀다는 과정이 신뢰도를 높여주는 것이죠.

이와 같이 동일한 것을 설명할 때에도, 여러 방법이 있다는 점을 알아두기 바랍니다. 어떤 방식이 자신과 맞는지, 어떤 것이 쉬운지 스스로 시험해 보면서 여러분에게 맞는 최상의 방법을 찾아보세요.

신뢰도를 올리는
마법의 한마디

그동안 여러 사람들의 프레젠테이션을 봐 오면서 가장 믿음이 안 가는 유형이 있었습니다. 바로 어떻게든 팔고야 말겠다는 느낌이 확 드는 프레젠테이션입니다.

기본적으로 프레젠테이션은 단순한 상품 설명이어야 합니다. 좋은 점은 물론 나쁜 점도 포함해서 상품의 정확한 모습을 고객에게 전달하는 것입니다. 고객은 후회하지 않기 위해 최대한 냉정하게 판단하고 싶어 합니다. 이런 고객의 의도를 무시해 버리면 상품 자체를 의심 어린 눈초리로 보게 됩니다.

전에도 이야기했지만 프레젠테이션은 절대 판매의 장이 되어선 안 됩니다. 판매를 하려고 할수록 신뢰도가 떨어집니다. 다시 한 번 말하면, 프레젠테이션에서 영업을 하면 안 됩니다.

평상시 세일즈맨이 하고 있는 영업을 반대로 하면 오히려 신뢰도가 올라갈 수 있습니다. 프레젠테이션을 시작할 때, "꼭 사주셨으면 좋겠으니 설명을 들어주세요"라고 말하는 게 아니라, "사지 않아도 상관없으니 설명 후에 판단해 주세요"라고 하는 것입니다.

본인이 아닌 상대를 배려하는 느낌으로 설명을 한다면 신뢰감이 들지 않겠습니까? 여기서 포인트는 "꼭 사지 않아도 된다"고 말해야 한다는 점입니다. 이 멘트야말로 신뢰도를 쑥 올려주는 마법의 한마디입니다. 또한, 상대의 듣는 자세도 달라지게 만듭니다.

"저는 무리한 판매를 요구하지 않습니다. 구입하지 않으셔도 좋습니다. 설명을 듣고 냉정하게 판단해 주시는 것만으로 감사 드립니다."

이런 메시지를 초반에 전달하면 프레젠테이션의 효과는 쑥 올라갑니다. 영업의 냄새가 나지 않는 멘트라면 무엇이든 괜찮습니다.

"라이벌사의 ○○상품도 고객님에겐 추천할 만합니다."

"타사의 것과 큰 차이는 없습니다. 기호에 따라 선택하시면 됩니다."

"충분히 생각한 후에 결정하셔도 늦지 않습니다."

이런 멘트가 세일즈맨의 입에서 나온다면 누구라도 귀를 열게 됩니다. 프레젠테이션에서는 영업을 하지 않는 것, 이것이 고객으로부터 구매 욕구를 끌어내는 지름길입니다.

세 가지 패턴의
고객

프레젠테이션을 무사히 끝냈다고 칩시다. 해야 할 일은 다 했다고 생각하십니까? 다음은 고객의 대답을 기다릴 뿐이라고요?

제 말을 오해한 것 같네요. 제 말은 고객 페이스에 무조건 끌려가라는 의미가 아닙니다.

4단계 영업상담 기술은 어디까지나 세일즈맨 주도로 행해집니다. 언제 올지도 모르는 상대의 대답을 계속 기다릴 수는 없습니다. 무작정 답을 기다리면 스트레스만 쌓일 뿐, 이후의 계획을 세울 수 없겠죠? 프레젠테이션 후의 상대의 반응에 대해 다음과 같이 해야 할 일을 명확히 해 두면 고민하지 않고 올바른 대응을 할 수 있습니다.

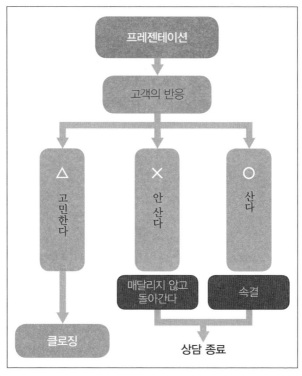

〈그림6〉 프레젠테이션을 통해 분류한 고객의 세 가지 패턴

여러분은 아이스브레이크에서 경계심을 내려놓은 상대에 대해 정확한 정보를 이끌어내는 히어링을 했습니다. 그 히어링 결과에 근거하여 상대에게 맞는 프레젠테이션을 하면 이제 고객은 세 패

턴 중 하나로 분류할 수 있습니다. 각각 ○, ×, △ 패턴입니다(그림 6 참조).

이제 각 유형의 내용과 대응방법을 설명하도록 하겠습니다.

패턴○ 고객이 "사겠다"고 말한 경우

이것은 말할 필요가 없습니다. 주문서에 기입 또는 납기일을 확인하는 등, 이대로 구입절차에 들어가면 됩니다. 확실하게 상대에게 전달되는 프레젠테이션을 할 경우 고객이 빨리 결정하는 경우가 자주 있습니다. 이 경우 그대로 상담 종료입니다.

패턴× 고객이 "사지 않겠다"고 말한 경우

대응을 어떻게 하느냐에 따라 끝내 팔릴지 안 팔릴지가 결정됩니다. 아무리 상대에게 맞는 프레젠테이션을 했다 해도, 그것이 100% 고객이 물건을 사는 결과로 이어지지 않습니다. 관심만 보일 뿐 사지 않는 고객도 있습니다.

'괜찮은 상품인 건 알겠지만 지금은 필요하지 않아'라는 식의 반응을 보일 수도 있는 것입니다.

고객이 이렇게 말하고 거절하는 것은 당연한 일입니다. 그런데 고객의 입장을 충분히 생각하지 않는다면 이런 말이 나옵니다.

"그렇습니까? 다시 한번 생각해 주시면 안 되겠습니까?"

"부탁 드릴게요. 지금 결정해 주시면, 10% 할인해 드릴게요."

"아직 이해를 못하신 것 같으니, 다시 한번 설명해 드리겠습니다."

이렇게 끈질긴 대응을 하면 고객은 나중에 사야겠다는 생각마 저 접게 됩니다.

X인 상대에 대한 올바른 반응은 '일단 그대로 돌아가는 것'입니 다.

거절하는 상대에게 끈질기게 구는 것은 상대의 의견을 무시하 는 것입니다. 제가 제시하는 영업상담 기술의 특징은 상대의 기분 에 맞춰 신뢰를 쌓은 후 최종으로 구매라는 결과로 이어지는 형태 로 설계되어 있습니다. 프레젠테이션이 끝나고 상대가 안 산다고 말하면 그 상황에선 그걸로 만족해야 합니다. 잘못하면 지금까지 쌓아 온 신뢰가 모두 무너질 수 있습니다. 앞으로 생길 판매 기회 마저 차버리지 말길 바랍니다.

'뭐야, 이 세일즈맨은 진심으로 내 이야기를 듣는 것 같더니 결국엔 자기 생각만 하잖아. 실망이야.'

이런 인상을 남기면 매우 곤란합니다. 다시 신뢰를 회복하기까지 이전보다 상당한 시간과 노력이 필요하게 됩니다. 보통은 두 번 다시 방문하지 못하는 상황이 벌어집니다.

여기서 이런 의문이 들 수도 있습니다.

'하지만 세일즈맨이 매달려서 결국 사주는 경우도 있잖아?'

있기야 있습니다. 무리해서 고객에게 사게 한다면, 아마 다음은 없을 것입니다. 다시는 자신이 만났던 부담스런 세일즈맨을 통해 구매하지 않을 테니까요. 주위 사람에게 그 세일즈맨을 소개하지도 않을 것이기 때문에, 하나를 팔고 나면 그대로 끝나고 맙니다. 이런 세일즈맨은 다른 동료들이 입소문으로 성장하는 동안, 언제나 새로운 고객을 찾아 뛰어다녀야겠지요?

한편, 이 상황보다 위험한 것은 매달리고 매달렸는데 상대가 화까지 내며 사주지 않았을 때입니다. 상대의 화를 잘 풀어주지 않는다면, 부메랑으로 돌아오게 됩니다. 상대가 자신의 불만 사항을 마음속에만 담아두고 있지 않을 테니까요. 화가 나면 날수록 반드시 누군가에게 말하고 싶어질 것입니다. 주변의 지인에게 불평을 하거나 최악의 경우 페이스북Facebook 등 입소문이 퍼지기 쉬운 매체에 구체적으로 불만의 글을 올릴 수 있습니다. 이렇게 되면 사원 하나가 회사 전체에 타격을 줄 수도 있습니다. 이처럼 요즘 같은 시대에 지나치게 무리한 영업을 하는 것은 매우 위험하다는 사실을 명심하기 바랍니다.

고객에게 명확한 거절 의사를 듣게 되면 포기하십시오. 거기서는 팔 수 없습니다. 하지만 상대와의 관계는 좋은 채로 유지할 수 있습니다.

"알겠습니다. 지금은 필요 없으시군요. 오늘은 돌아가겠습니다. 앞으로 필요할 일이 있을지도 모르고, 저희도 신제품이 나오기 때문에, 종종 얼굴 비치겠습니다."

이렇게 말하고 구매 요구 없이 돌아간다면 고객과의 다음번 만남에 부담이 없어질 것입니다.

한번 쌓인 신뢰는 반년 후, 1년 후의 매상으로 돌아올 수 있습니다. 그걸로 만족하세요. 어렵게 만날 기회를 얻고 상담까지 끝난 상대입니다. 이 상품과 여러분 자신을 확실히 어필한 고객에게 당장 사지 않는다고 해서 그 자리에서 연을 끊어버리면 너무 아깝지 않을까요?

언제든 가볍게 방문할 수 있는 상태를 유지하기 위해서라도 깔끔하게 돌아가야 합니다. 최소한 '이 세일즈맨은 끈질기지 않아서 좋다'는 인상을 줄 수 있습니다. 고객이 나중에 구매 의사가 생겼다면 이런 사람에게 다시 연락하기 쉬울 것입니다.

패턴 △　고객이 계속 고민하는 경우

고민하고 있는 고객에 대한 대응이 바로 상담 기술의 마무리 단계입니다. 혹시 거절하는 상대에 대해 대처하는 것을 마무리라고 생각하지 않으셨습니까?

고객을 유형에 따라 정확하게 나눌 수 있게 된다면 골인 지점이 눈앞에 보이는 것과 다름없습니다.

고민하고 있는 상태라는 것은 '필요하긴 한데, ○○이 신경 쓰여서 바로 살 수 없다'라는 의미입니다. 최소한 상품이 필요하지만 어떤 걸림돌이 있다는 것이지요. 여기서는 고객에게 니즈가 있는데 "그럼 천천히 생각해 주십시오"라고 말하고 그대로 돌아가면 안 됩니다. 고민하고 있는 상대야말로 내 역량을 발휘할 기회입니다.

이상으로 프레젠테이션 단계는 끝입니다. 상담은 여기까지 오면 거의 끝난 것과 같습니다. 각각의 고객패턴에 대응하는 것으로 미팅을 마무리하세요.

불필요한 설명은
스스로 무덤을 파는 것과 같다

K씨(세일즈맨) : "그럼, 이것에 대해 설명하도록 하겠습니다."

고객 : "아니, 그건 더 이상 필요 없으니 안 해도 돼요."

K씨(세일즈맨) : "그렇군요, 지금은 필요하지 않다는 말씀이시

죠. 그럼 간단하게 개요만 설명할까요?"

고객 : "아니 그것도 됐어요."

K씨(세일즈맨) : "진짜, 몇 분이면 끝나니 듣기라도 해 보세요."

고객 : "끈질기네. 좀 돌아가 주세요!"

통신기기를 다루는 세일즈맨 K씨는 어떤 상황이든 상품 설명을
하고야 말겠다는 습관을 고칠 수 없었습니다. 물론 이 고객에겐
상품이 필요 없다는 건 알고 있습니다. 진짜 문제는 그다음 대응
방법입니다.

실적에 쫓기는 일반적인 세일즈맨에게 하나의 습관일지 모르겠습니다. 그들은 상품 설명을 하지 않은 채 일이 돌아가면 심리적으로 저항을 느낍니다. 상품 설명이라도 안 하면 일을 안 한 것 같은 느낌이 드는 것이지요. 하지만 그것은 세일즈맨의 입장일 뿐입니다. 고객이 바라지도 않는 것을 일방적으로 자기만족을 위해 행하는 것은 분명 틀린 행위입니다.

K씨는 이런 사실을 스스로 깨닫지 못했습니다. 저는 K씨에게 물었습니다.

"그렇게 무리해서라도 설명하면 팔립니까?"

그러자 그는 잠시 조용히 생각하다가 말했습니다.

"안 팔리겠죠. 들을 마음도 없을뿐더러 처음부터 필요 없다고 말했으니까요. 제 스스로 어떻게 해서라도 상품 소개를 하고 싶었던 것뿐이에요."

그 이후, K씨는 상대가 당장 니즈가 없다는 것을 알게 되면 이렇게 대화합니다.

K씨(세일즈맨) : "그렇군요. 말씀을 들어보니 제 상품은 댁에는

맞지 않겠네요. 저희 것은 다소 한계가 있는 게 사실입니다."

고객 : "그렇네요."

K씨(세일즈맨) : "오늘은 이만 돌아가겠습니다."

고객 : "미안해요, 일부러 와 주셨는데."

팔지 못하더라도 웃으며 돌아가는 방법으로 호감을 버는 것이죠.

그러자 며칠 뒤, 그 고객이 연락을 해서 알고 지내는 회사를 한 번 영업해 보라고 소개해 주었다고 합니다.

"어째서, 일부러 소개해 주었을까요?"라고 제가 묻자, 그는 이렇게 답했습니다.

"아마도 제가 끈질긴 세일즈맨이 아니라고 생각했나 봅니다."

맞습니다. 끈질기게 설명을 하려고 하는 세일즈맨한테는 누구도 지인을 소개해 주고 싶어 하지 않습니다.

고객의 입장을 제대로 이해하고 쓸데없는 실수를 하지 않으면 최소한 호감은 벌 수 있습니다. 이런 사실을 깨달은 K씨는 지금은 고객이 거절의 뜻을 보이면 미련 없이 돌아오게 되었습니다.

7

4단계

클로징
CLOSING

모든 것을 물거품으로
만드는 한마디

과거 일본의 영업 분야에서는 'GNP'라는 말이 유행했습니다. '의리', '인정', '선물'을 뜻하는 일본어 단어의 앞 글자의 알파벳을 연결해 만든 단어로 인정에 호소하는 판매방법을 과장되게 표현한 것입니다. 실제로 보험영업 등에서 GNP는 중요한 요소였습니다.

그런데 지금은 이런 식으로 영업을 하면 역효과만 부릅니다. 요즘은 별로 없는 것 같지만 그래도 GNP로 상품을 팔라고 강요하는 상사들이 있습니다. 그들은 이렇게 말합니다.

마음을 흔드는 영업의 법칙

"거절한다고 바로 돌아오는 놈이 어딨어! 다시 가서 설득하고 와!"

"머리를 숙여서 몇 번이고 부탁하면 돼! 끈기 있게 부탁하란 말이야!"

이런 말을 매일같이 듣는다면 저라면 회사를 그만둬 버릴지도 모릅니다.

근성이나 끈기로 물건을 파는 시대는 끝났습니다. 고객은 아무리 부탁해도 필요하지 않은 것은 사지 않습니다. 선물과 접대도 회사의 방침에 따라 할 수 없는 곳이 늘어나고 있습니다.

그럼에도 불구하고, 아직까지 '영업은 근성으로 파는 것이다'라는 편견은 쉽게 사라지고 있지 않습니다.

영업상담의 말미를 마무리하는 단계를 저는 클로징closing이라고 부릅니다. 이 말은 자칫 재차 부탁하는 것이라고 오해할 수 있습니다. 실적이 좋지 않은 세일즈맨일수록 그렇게 생각합니다.

"여러분은 무엇이 부족하다고 생각합니까?"라고 질문하면 대다수의 사람은 "이야기 마무리를 잘 못해 못 판다"고 말합니다.

실적이 좋지 못한 원인을 클로징 단계에서 설득력이 부족해서라고 착각하고 있는 것입니다. 진짜 원인은 이야기를 마무리하면서 어떻게든 매달려 부탁하려고 하기 때문입니다.

기분 좋게 상담을 진행했는데 마지막에 갑자기 끈질기게 매달린다면 지금까지 쌓아 온 모든 것이 물거품이 되고 맙니다. 4단계 영업상담 기술의 마무리 단계인 클로징에서는 팔려는 근성이나 선물 또는 가격흥정이 필요하지 않습니다. 마지막에 고객이 웃는 얼굴로 "살게요"라고 말해 주는 것이 클로징 단계의 목표입니다.

마음을 흔드는 영업의 법칙

고민의 원인을
먼저 제거하라

앞서 프레젠테이션 단계 말미에 고객의 종류를 세 가지로 나눴습니다. 거기서 △의 유형(계속 고민하는 고객)에게 클로징이 필요합니다. 클로징은 상품 설명이 다 마무리되었는데도 아직 구매를 고민하고 있는 고객을 대상으로 합니다.

앞서 말했지만 고민하고 있는 상태라는 것은 상품이 필요하긴하지만 무언가가 방해하고 있는 상황을 의미합니다. 적어도 상품에 대한 니즈가 있다는 것은 확인한 상태죠. 그러므로 그 니즈를 방해하고 있는 무언가를 제거하는 일이 필요합니다. 장애물을 제거하면 거래는 성사됩니다.

다시 말해 4단계 영업상담 기술의 클로징 단계는 고객이 고민하는 원인을 제거하는 작업이 핵심입니다. 때문에 클로징 단계에서는 상품의 장점을 더 설명할 필요가 없습니다.

다음은 자주 보는 광경인데 고민하고 있는 고객에 대해 세일즈맨이 하기 쉬운 말이 있습니다. 이런 종류입니다.

"그럼, 하나 더 무료로 얹어 드리면 어떻습니까?"

"마침 캠페인 중이라서 특전도 있어요."

"오늘 정해 주시면 10% 더 싸게 드릴게요".

추가 서비스나 가격을 양보해서라도 팔려고 하는 것입니다. 상대는 이미 상품이 필요하다고 생각하고 있는데 말입니다. 고객은 상품의 가치에 대해 충분히 납득하고 있습니다. 스스로 못 이겨 가격을 내리는 등 이익을 깎아낼 필요는 없습니다.

저는 이와 같이 쉽게 가격을 내려서 팔려고 하는 것을 '장점 추가 토크'라 부르고 있습니다. 이것은 매우 아까운 행위입니다. 고객은 가격이나 서비스가 아쉬워서 고민하고 있는 것이 아닐 수 있습니다. 고객이 고민하고 있는 부분이 무엇인지 제대로 알고 그것을 제거하는 데 신경 쓰시길 바랍니다.

상품의 약점에
판매 포인트가 있다

고민하는 고객은 무엇이 걸려 상품을 산다고 말하지 못하는 걸까요? 여러분은 이미 그 이유를 알고 있습니다.

앞서 세 가지 단계를 제대로 밟아 나갔다면 고객의 말과 태도에서 그 걸림돌이 보이는 것이 보통이기 때문이죠. 만약 보이지 않는다면 아이스브레이크 단계에서 방어벽을 내리지 못했거나 히어링이 부족하진 않았는지 의심해 볼 필요가 있습니다.

"그쪽은 좀 비싸."

"좀 더 가벼우면 좋을 텐데."

대화를 하면서 고객의 이야기에 집중한다면 이와 같이 지나가는 말도 놓치지 않게 됩니다. 고객이 상품 설명 후에 살지 말지 고민하고 있다면 어디가 걸려서 고민하고 있는지 이전 대화로 추측할 수 있어야 합니다. 추측이 맞으면 반응은 대부분 이렇습니다.

"그렇네요, 방금 전에도 가격을 신경 쓰셨죠?"
"아무래도 무게감이 신경 쓰이시나 봐요?"

한편, 그다지 수고하지 않아도 고객의 마음에 걸리는 부분을 찾아내는 방법이 있습니다. 평상시에 여러 고객과 상담을 하다 보면 자연스럽게 자사 상품의 약점을 파악하게 됩니다. 대충 이런 식으로요.

- 항상 비싸다는 말을 듣는다. (약점: 가격)
- 납기가 늦는다는 이유로 거절당한다. (약점: 납기)
- 판매 실적이 좋지 않아서. (약점: 실적)

즉, 고객 입장에서 대체적으로 마음에 걸려 구매를 망설이게 하는 요소들은 여러분이 팔려는 상품의 약점이 되는 것입니다.

만약, 그 약점을 "사실은 그렇지 않습니다"라고 잘 전할 수 있다면 상대는 더 이상 고민하지 않아도 됩니다. 이와 같이 상품의 약점을 고객 마음에서 제거하는 작업이 클로징입니다.

생각하기에 따라 상품의 약점이 오히려 판매로 이어지는 강력한 무기가 됩니다. 갑자기 가격 할인을 하는 등, 약점 자체를 바꾸는 게 아니라 약점을 발판 삼아 도약하는 것입니다. 이렇게 하기 위해서는 먼저 준비가 필요합니다.

클로징 성패 여부는
준비에 달렸다

클로징 단계에서 세일즈맨이 하기 쉬운 실수가 있습니다. 바로 상황에 닥쳐서 문제를 해결하려고 하는 것입니다. 클로징 단계를 오로지 근성으로만 이겨내려 하면 오산입니다. 준비가 없으면 상대가 어떻게 나오냐에 따라 수동적으로 행동할 수밖에 없습니다. 프레젠테이션 준비까지만 해놓으면 끝이라고 생각했다간 후회할 수 있습니다.

거듭 강조합니다. 클로징은 준비가 전부입니다. 준비만 제대로 한다면 딱히 긴장하지 않고 클로징을 성공할 수 있습니다.

그렇다면 무엇이 필요할까요?

답은 앞서 말한 약점을 불식시키는 방향에 있습니다.

예를 들어 보겠습니다. 항상 가격이 높다는 말을 듣는 인쇄업계 D사의 경우입니다.

> 고객사 : "(서비스를 이용하고 싶지만)그쪽 요금은 비싸서요."
>
> D사 세일즈맨 : "마지노선까지 가격을 내릴 테니까 부탁 좀 드릴게요."

이것은 실패한 패턴입니다. 전형적인 '장점 추가 토크' 형식이 네요.

이번에는 올바른 클로징의 예를 보도록 하겠습니다.

> 고객사 : "댁의 상품은 요금이 비싸서요."
>
> D사 세일즈맨 : "네, 타사와 비교해서 비싸긴 합니다. 요금을 가능한 저렴하게 하고 싶은 회사에는 적합하지 않을 수 있습니다."
>
> 고객사 : "그렇죠."

D사 세일즈맨 : "네. 하지만 그래도 저희 회사에서 인쇄를 하고 싶다는 곳도 있습니다. 예를 들어, 요리사진을 맛있어 보이게 하고 싶은 이자카야 체인점 등이 그렇죠."

고객사 : "사진을 깨끗하게 인쇄할 수 있단 건가요?"

D사 세일즈맨 : "네, 맞습니다. 이걸 봐 주세요. (사진을 꺼내 보인다) 이 두 장의 사진에서 차이가 보이나요?"

고객사 : "음, 그다지 달라 보이지 않는데, 이쪽이 좀 더 밝은 것 같기도 하고…."

D사 세일즈맨 : "맞습니다. 이쪽이 저희 회사에서 인쇄한 것입니다. 이것은 이자카야 메뉴에 사용한 사진인데, 다른 한 장은 이전에 사용하던 사진입니다."

고객사 : "흐음."

D사 세일즈맨 : "사진을 새로 한 후, 이 메뉴가 두 배 이상 주문되었다고 하네요."

고객사 : "어, 그래요?"

D사 세일즈맨 : "네. 미묘한 차이이지만 저희 회사에서는 사람의 눈에 맞있게 보이는 기술을 사용하고 있습니다. 기술의 효과가 실제로 큰 차이를 만든 것이죠."

어떻습니까? 예시 속의 D사 세일즈맨은 고객이 수긍할 수 있는 여러 자료를 미리 준비해놨습니다. 이런 준비 없이 세일즈맨이 말만 한다면 고객에게 매달리는 것과 다르지 않습니다. "저희는 사진을 깨끗하게 인쇄하기 때문에 비쌉니다"라든지 "최신식 인쇄기를 사용하기 때문에 어쩔 수 없이 비싸졌습니다"라고 말하면서 보이는 자료가 없다면 금세 설득력이 떨어질 것입니다.

D사의 세일즈맨은 자료를 눈앞에 보이며 자사의 기술력을 어필하였습니다. 이때 사용한 사진은 가격이 비싸다는 말을 들을 것을 미리 생각하고 준비해 둔 것입니다. 그는 사진을 바꾼 후 주문이 두 배 오른 것을 반영한 매상그래프는 물론 회사의 신용도가 높다는 것을 어필할 주요 거래처 일람표 등도 마련해 두었습니다.

이런 철저한 준비는 수많은 거절의 경험으로 나온 것입니다. 가격이 높다는 말을 많이 들었기 때문에 그 약점을 보완하고자 노력한 것이죠. 시행착오를 겪어가면서 마지막에 상황을 반전시킬 자료를 마련한 것입니다.

다시 한번 강조하면, 고객을 망설이게 하는 약점을 불식시킬 준비는 세일즈맨의 말보다는 자료가 좋습니다. 하지만 그리 간단하지만은 않습니다. 몇 번이고 실험을 반복해 가면서 완성도를 높일 필요가 있기 때문이죠. 그래도 한번 완성해 두면 지금까지 마음을 정하지 못하고 고민하고 있던 고객이 클로징 단계에서 태도를 정할 것입니다.

여러분이 팔려는 상품의 약점은 무엇입니까? 그 약점을 뒤집을 만한 클로징을 한번 생각해 보기 바랍니다.

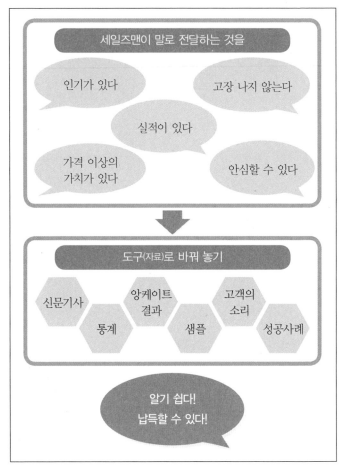

〈그림7〉 상품의 약점을 보완하는 자료들

고객이 달려들지 않는
사례는 필요 없다

예전에 어떤 기업에서 연수를 했을 때, 어느 세일즈맨의 태블릿 단말기를 우연히 보게 된 적이 있었습니다. 거기에는 셀 수 없이 많은 고객 사례가 들어 있었습니다.

어떤 자리에서도 어떤 업종의 고객에 대해서도 대응할 수 있도록 회사 측에서 모두 수집한 자료들이었죠. 이런 자료를 각 세일즈맨에게 갖고 다니게 한 시도는 매우 훌륭하다고 생각했습니다. 그런데 한편으로 의문이 들었습니다. 그 풍부한 고객 사례를 모든 세일즈맨이 잘 활용하고 있을까 하는 의문 말이죠.

저도 과거 리쿠르트 그룹에서 구인求人 회사들을 상대로 영업을 뛰던 시절에 이런 사례집을 갖고 다녔습니다. 특히 인재 채용과 관련한 자료는 항상 끼고 살다시피 했습니다. 그런데 고객에게 그 파일을 보이면 조용히 페이지만 넘길 뿐, 그다지 관심을 보이지 않았습니다.

"참, 여러 회사가 리쿠르트를 이용하고 있네요."

이런 말만 들었을 뿐, 사례집은 영업에 전혀 결정적인 수단이 되지 않았습니다. 그래서 다른 고객사의 사례들이 주는 효과는 그 정도일 뿐이라고 생각했죠.

그런데 어느 날, 저에게 어떤 회사로부터 전화가 왔습니다. 가끔 얼굴만 비치고 인사했던 건설회사였습니다. 리쿠르트가 발행하는 인재채용정보지 첫 페이지에 대대적인 구인광고를 넣으면 어떨까 하는 문의전화였습니다. 기뻐서 바로 나가려는 찰나, 그 모습을 보고 있던 상사가 제게 이렇게 말했습니다.

"첫 페이지 광고로 괜찮겠어? 시공관리기술자는 채용이 어려운 직종이야."

분명히 맞는 말입니다. 가격이 비싼 첫 페이지에 광고를 내고 효과가 없다면 두 번 다시 리쿠르트를 사용해 주지 않을 것입니다. 당시 광고 게재비용은 100만 엔 정도였습니다.

그래서 저는 비슷한 규모의 회사의 사례를 찾아보기로 했습니다. 광고로 큰 효과를 본 사례가 있다면 참고가 될 거라고 생각했기 때문입니다. 결국 그 사례를 찾아내 들고 갔습니다.

상대는 이미 첫 페이지에 광고를 결정하고 있었지만 제가 그 사례를 보이자 큰 관심을 보였습니다. 당연합니다. 같은 업종에 자사와 비슷한 회사의 사례이기에 관심이 가지 않을 수가 없었습니다.

"역시 그래서 이때엔 누가 채용되었나?"

구인광고이므로 당연히 그 효과가 신경 쓰이기 마련입니다. 저는 그 대답에 대해서도 확실하게 준비했습니다.

"네, 이 광고를 내고 나서 이런 사람이 채용되었습니다."

제가 내민 프린트에는 한눈에 봐도 우수한 인물임을 알 수 있는 경력자(물론 개인정보는 가려두었습니다)가 적혀 있었습니다. 상대는 무척 놀란 듯 했습니다. 그리고는 잠시 조용히 생각하더니 이렇게 물어왔습니다.

"광고를 낸다면 우리 쪽에도 이런 사람이 올까?"

"글쎄요. 절대적이라고는 말할 수 없지만 긍정적으로 보면 가능성은 있다고 생각합니다"

저는 다음 말을 기다렸습니다.

그러자, "좋아, 우리도 이걸로 하겠어"란 답이 돌아왔습니다.

"제가 가져온 사례와 같은 유형으로 하시겠습니까?"

"응, 해 보지!"

"감사합니다."

이런 분위기로 주문이 결정되었습니다.

결정된 것은 첫 페이지로 끝나는 광고가 아니었습니다. 제가 보여준 사례는 2페이지 광고를 2주 연속 게재한 것이므로, 4페이지 분량이었습니다. 얼추 400만 엔의 매상이었습니다. 제가 아무 자료 없이 외출했다면 100만 엔의 매상에서 끝났겠지만 상대에게 핀 포인트pin point로 될 만한 사례를 갖고 간 것만으로 매상을 네 배 올린 것입니다. 사례의 힘을 실감한 순간이었습니다.

사례는 많다고 좋은 것은 아닙니다. 대부분 사례는 의미가 없습니다. 사례의 양보다 그 회사 사람이 틀림없이 관심을 가질법한 사례 하나만 선별해 준비하는 쪽이 훨씬 효과적입니다. 천천히 상담해도 된다면 히어링을 한 후에 다음 약속을 기약해도 됩니다. 다시 만나기 전까지 그 회사에 적합한 사례를 찾아 다음 미팅 때 갖고 가는 것입니다.

영업은 하루에 끝내는 것이 아닙니다. 필요하다면 후퇴했다가 나중에 계속해서 이어가는 것도 가능합니다. 다른 고객의 사례를 활용할 때에는 '이것을 보이면 틀림없이 달려들거야' 같은 확신이 들 만한 것이나 사례를 보이기 전부터 고객이 두근거릴 만한 것으로 준비해야 합니다. 사례는 양보다 질입니다.

타사보다 비싼 상품을
정가에 파는 기술

제가 세일즈맨이었을 때도 그랬지만, 영업을 하면서 어렵다고 느낀 것은 경쟁사의 제품보다 정가가 높은 상품을 다룰 때였습니다. 지금도 많은 세일즈맨의 이 같은 고민을 겪고 있는 것 같습니다.

"저희 상품은 비싸서 팔리지가 않아요."

과거의 저도 그렇게 말하면서 상사에게 불만을 토로했습니다. 그런데 이건 사실이 아닙니다. 비싸게 파는 건 불가능하지 않습니다.

그렇다면 어떻게 비싼 상품을 정가에 팔 수 있을까요?

예를 하나 들어보겠습니다.

어느 구두 가게에서 저에게 컨설팅 의뢰를 했습니다. 그곳은 고객에게 발 마사지 등의 무료서비스를 하면서 최종적으로는 신발을 판매하고 있었습니다. 그런데 서비스가 끝나고 신발을 파는 단계에서 자꾸 문제가 생긴다고 했습니다. 이유는 요금이었습니다. 고객에게 금액을 말하면 다들 짠 듯이 "비싸네요"라고 말한 뒤 돌아가 버렸다는군요.

저도 실물을 보았지만 다른 양판점이라면 5천 엔 정도에 살 것 같은 신발이 그 가게에서는 5만 엔이나 하였습니다. 확실히 비쌌습니다. 고객이 사지 않고 돌아가는 것도 당연했습니다.

그런데 이 가게가 5개월 뒤에는 스태프 대부분이 가격을 양보하지 않고도 그 신발을 정가에 척척 팔았습니다. 물론 매상도 급상승했습니다. 비결은 영업상담 기술에 있었습니다.

이 가게의 구두 가격은 그냥 매겨진 것이 아닙니다. 이유가 있었죠. 기능성 구두라고 해서 신고 걸으면 무릎과 허리의 통증 등이 완화되는 신발이었습니다. 예전에는 이 부분을 고객에게 제대로 설명하지 못했습니다.

예전 대화는 이랬습니다.

고객 : "비싸네요."

점원 : "아니요, 이것은 발바닥에 특수한 소재를 사용하고 있고, 거기다 모두 수작업으로 만들었기 때문에 이 정도 가격이 되는 것입니다."

고객 : "음, 그래도 너무 비싸요."

이것을 다음과 같은 대화로 바꾼 후에는 상황이 바뀌었습니다.

고객 : "비싸네요."

점원 : "맞습니다. 그런데 손님, 이것은 구두가 아닙니다."

고객 : "네?"

점원 : "이것은 구두가 아니라, 손님의 무릎의 통증을 완화시켜주는 일종의 기구라고 보시는 게 맞습니다."

고객 : "음…."

점원 : "무릎 통증을 어떻게든 완화하시고 싶어서, 여기에 오신 거죠?"

고객 : "네, 그렇죠."

이 고객은 '다리와 허리의 통증을 신발로 해소해 보지 않겠습니까?'라는 내용의 전단지를 보고 찾아왔습니다. 즉, 어딘가에 통증을 느끼고 있는 사람이었죠.

점원 : "매주 병원에 가셔서 전기치료를 하시죠?"

고객 : "네, 맞아요."

점원 : "그리고 약도 자주 사시고요?"

고객 : "그래요."

점원 : "이 기구를 신고 걷기만 하시면 통증을 상당히 줄일 수 있습니다. 그렇게 되면 병원에 가실 일도, 약을 사실 일도 없어질 수 있는데, 어떠세요?"

고객 : "그런 얘기였군요."

점원 : "이 제품이라면 쇼핑가실 때에도 그냥 신기만 하면 되니까 일상생활에서 큰 효과를 보실 수 있습니다."

고객 : "나쁘지는 않네요."

점원 : "병원비와 통원시간도 아끼고 약에 드는 비용도 줄인다고 생각해 보시겠어요? 이 기구를 반년만 착용하시면 본전을 뽑을 수 있습니다. 어떠신가요?"

고객 : "듣고 보니 그렇네요. 그렇게 생각하면 제품 가격이 싼 것일 수도 있겠네요."

이런 분위기가 형성되자 구입률이 크게 향상된 것입니다. 어떤가요? 여기서 배울 수 있는 포인트를 앞으로 설명하겠습니다.

숨은 니즈를 알면
상품의 가치가 보인다

먼저, 이전 대화에서는 상품이 왜 비싼지 그 이유를 말하는 것에 지나지 않았습니다. 비싸다고 생각되는 상품에 대해 비싼 이유만 설명하면 반응은 뻔합니다.

'아, 그래? 그러니까 비싸구나.'

그걸로 끝입니다. 이런 생각은 직접적으로 구매에 이어지지 않습니다. 비싼 이유를 열심히 전달해도 고객의 입장에서는 저렴하다고 느낄 수 없습니다. 따라서 상품을 사고 싶은 마음이 들지도 않습니다. 그렇다면 어떻게 하면 좋을까요?

다시 앞의 사례를 바탕으로 이야기하겠습니다.

가게에 온 고객은 모두 어딘가 통증을 안고 있습니다. 병원에 가거나 약을 먹거나 하면서 여러 치료요법을 시험해 왔죠. 그래도 고통은 그다지 호전되지 않았습니다. 그때 신문 전단지에 시선이 멈춘 것입니다. 거기엔 '신발을 신는 것만으로 통증이 사라진다'고 적혀 있습니다. '혹시 모르니 한번 시험해 보고 싶다' 이것이 바로 가게를 찾아 온 사람들의 심리입니다.

저는 몇 시간을 들여 가게 스태프들과 같이 고객 심리 분석을 실시했습니다.

애초에 고객은 이것이 보통 신발이 아니라는 것은 알고 있습니다. 그런데 가게에 들어와 보니 신발만 많이 진열돼 있습니다. 아무리 봐도 그냥 구두 가게인 것입니다. 첫인상이 그렇기에 시간이 지날수록 '이곳은 결국 신발을 파는 곳'이라고 생각하게 됩니다. 그러니 천천히 마사지를 받으면서 이런 확신을 굳힌 고객에게 비싼 요금을 말하면 당연히 "이 금액에 신발은 못 사겠다"란 말이 나오는 것입니다. 그러므로 가게 측에서는 접근 방법을 달리했어야 했습니다. 고객이 구두를 사러 온 것이 아니라, 통증을 완화시키기 위한 기구를 구입하려고 했던 애초의 방문 의도로 돌려놓는 작업이 필요했습니다. 이를 통해 고객에게 구두 모양을 한 통증 완화 기구의 가치를 알리는 게 가능했던 것이죠. 이것은 고객의 숨은 니즈에 초점을 맞춘 형태입니다.

이 가게 점원이 파는 상품의 라이벌은 양판점 구두가 아닙니다. 병원과 약제였던 것입니다. 고객도 여기에 동의하게 되면 더 이상 일반 구두와 요금 승부를 하지 않아도 됩니다. 그 결과, 처음에 비싸다고 생각했던 것이 마지막에는 싸다는 느낌을 줄 수 있습니다.

이런 대화를 완성시키기 위해 필요한 또 다른 포인트가 하나 있습니다.

결과는 정보력에서
결정 난다

영업을 할 때 사전에 고객의 정보를 알고 있어야 영업에 유리합니다.

예로 들은 가게의 경우 고객이 찾아왔을 때 일종의 앙케트 조사를 합니다. 내용은 모두 상담 클로징 때에 결정적 수단이 되는 정보로 짜여 있습니다. 최종적으로 요금 이야기가 나올 것이라는 것을 알고 있기 때문에 과거에서 현재까지 병원 등에 얼마 정도의 돈이 들었는지 등을 알아보는 질문입니다. 그렇다고 해서 구체적인 금액을 묻지는 않습니다. 시시콜콜하게 물으면 오히려 경계하게 되는 게 사람 심리니까요.

'한 달에 몇 번 정도 병원에 가세요?'
'약은 어느 정도로 자주 사시나요?'
'파스 등은 어느 정도 사용하고 계시나요?'

이런 질문 항목들입니다. 질문의 답을 알 수 있다면 대략의 금액도 알 수 있습니다. 이것에 따라 요금 비교가 구체적으로 가능하기 때문에 '반년이면 본전이 나온다'는 말을 할 수 있는 것입니다. 이렇게 이 기록들을 보면서 고객을 만나면 대화를 할 때 훨씬 수월하겠죠?

허리가 아파서 가게에 방문한 사람에게는 먼저 허리를 중심으로 철저히 대화합니다. 그 자체로도 고객 맞춤 대화가 되기 때문에 당연히 대화는 활기를 띠게 됩니다. 대망의 최종 단계가 남았을 때 고객이 비싸다고 말하면 기다리고 있었다는 듯 준비한 말들로 응하기만 하면 됩니다. 예상하던 상황이기에 이전과 같이 당황한 얼굴로 핑계 댈 필요는 없습니다. 그래서 당당하게 자신감을 갖고 말할 수 있습니다.

어떻습니까? 물론 이와 같은 전개가 쉽게 가능할 리 없겠죠? 최종 단계에 이르기 전까지 이 가게는 고객 응대 매뉴얼을 10회 이

상 개선했습니다. 손님이 올 때마다 실험하고 상대의 반응을 확인하면서 개선해 온 결과입니다. 여기까지 가능했다면, 더 이상 영업 효율이 떨어질 일은 없습니다. 처음에는 고생할 수도 있지만, 팔리는 흐름만 만들어진다면 그다음부턴 꾸준히 팔릴 테니까요.

그래도 사지 않을 때의
대처법

클로징을 아무런 준비 없이 다짜고짜 시작했다면 여기까지의 설득력 있는 전개는 이뤄지지 않았을 것입니다. 미리 클로징의 스토리를 설계해 둬야 그전에 무엇을 해야 할지 명확해집니다.

여러분은 상품을 팔 때, 어떤 클로징이 이상적라고 생각합니까?

고객이 웃는 얼굴로 사겠다고 말하는 장면을 떠올리고 그러기 위해선 어떻게 해야 할지 생각해 보기 바랍니다.

'이런 클로징을 끌어내기 위해서는 어떤 프레젠테이션을 해야 할까?' 그리고 '그 프레젠테이션을 위해서 필요한 히어링은 어떤 것일까?' 이렇게 생각해 나가다 보면, 아이스브레이크의 역할도 확실해집니다. 유능한 세일즈맨의 상담에는 모든 단계가 쓸모 있게 기능해야 합니다.

그런데 아무리 완벽하다고 생각되는 클로징도 당연한 말이지만 100% 계약이 성사되는 건 아닙니다. 분명 사지 않는 사람도 있습니다. 이런 사람은 어떻게 대응하면 좋을까요?

여기까지 읽으셨다면 어느 정도 흐름이 예상되지 않습니까?

그렇습니다. 순순히 '사지 않는 것에 대해 동의하기'가 정답입니다. 끝까지 상대의 의사를 존중하면서 기분 좋게 헤어지는 것에 만족하세요. 그러면 최소한 앞으로의 가능성은 남으니까요.

고객은 '지금 바로 구입하지 못해도, 여유가 생기면 곧바로 사야지' 하고 생각하고 있을지 모릅니다. 때문에 구매를 꺼리는 사람에게 그 자리에서 팔려고 하지 말고 호감을 남기는 데 초점을 둬야 합니다.

단순하게 보면 상대에게 좋은 인상을 남기는 것이 제가 말하는 4단계 영업상담 기술의 목적입니다. 이렇게 신뢰를 높여두면 그 자리에서 구매하지 않던 사람이 나중에 사줄 가능성만 남는 게 아닙니다. 자신은 사지 못하지만 구매가 가능한 누군가를 소개해 줄 가능성도 생기는 것이죠. 영업에서 이런 여지를 많이 남기는 것이야말로 진정한 영업 고수라 할 수 있습니다.

골을 향하는 상담이
성공한다

이것으로 4단계 영업상담 기술 설명이 모두 끝났습니다.

어떠셨나요? 여러분 자신의 평상시 영업 습관을 돌아보면서, 실천하고 있는 부분과 실천되지 않는 부분이 보이셨나요?

아직은 머릿속에 떠올릴 뿐일지 모르지만, 실제로 상담을 해 보면 보다 명확해질 것입니다. 무엇보다도 지금까지와는 다른 고객의 반응에 놀라게 될 것입니다. 그런데 이미 아셨을 수도 있지만, 이 4단계 영업상담 기술은 목표에서부터 거꾸로 올라가도록 구성되어 있습니다.

이상적인 골goal의 이미지가 있고 그것을 도달하기 위해서는 무엇을 하면 좋을지를 거꾸로 계산해서 조립하는 방식이죠. 즉, 먼저 예약을 잡고 상담에 들어간 다음 '거절당하면 어쩌지?' 같은 고민을 하는 것과 정반대의 발상입니다.

이와 같이 상담의 목표를 명확히 하고, 거기서부터 들어가면 해야 할 일이 명확해집니다. 이미 예측한 고객의 반응에 따라 만반의 준비를 했기 때문에 처음에 떠올렸던 대로 상담을 진행할 수 있습니다.

거절당할 것까지 예측해서 대응 가능한 것도 제가 설명하는 기술의 큰 특징입니다. 물론 사람을 상대로 하는 것이기에 가끔은 예상 밖의 일이 일어나기도 합니다. 그래도 분위기에 끌려가는 영업을 반복하는 것보다는 훨씬 효율적일 것입니다.

이제 여러분의 실천만 남아 있습니다. 지금 당장 고객을 찾아가서 시험해 보세요!

다음 장에서는 4단계 영업상담 기술을 보다 확실하게 하기 위해 필요한 마음가짐에 대해 설명하도록 하겠습니다.

상담의 목표는 고객에게로부터 "살게요"라는 말을 듣는 것이다.

∨

먼저 어떤 프레젠테이션을 하면 좋을지 생각한다. 고객이 자신의 일처럼 진지하게 들어주고, 마음으로부터 납득할 수 있는 프레젠테이션을 하고 싶다는 다짐을 한다.

∨

고객의 숨은 니즈를 정확하게 끌어내고, 고객이 어느 정도의 지식이 있는지를 파악해야 한다.

∨

정확한 히어링을 하기 위해서는 고객의 경계심을 제거할 필요가 있다.

∨

따라서 효과적인 아이스브레이크가 필수다.

∨

프레젠테이션 후 반응을 살펴보고, 고민하는 고객을 위해 따로 클로징을 준비한다.

〈그림8〉 역순으로 본 4단계 영업상담 기술

침묵이 무서워 무의식적으로 가격을 깎는 나쁜 습관

S씨(세일즈맨) : "이것은 1주일 광고료가 5만 엔입니다. 어떠세요?"

고객 : "음, 그렇네요."

S씨(세일즈맨) : "…."

고객 : "…."

S씨(세일즈맨) : "저, 혹시 오늘 결정해 주시면, 게재를 무료로 1주일 연장해 드릴 수도 있는데…."

고객 : "…."

S씨(세일즈맨) : "알겠습니다, 그럼 10% 더 할인해 드리도록 하겠습니다. 어떠세요?"

상대가 침묵하면 어느 세일즈맨이나 똑같이 어떻게든 말해야 할 것 같은 강박관념에 시달릴 것입니다. 광고대행영업을 하고 있는 S씨도 침묵을 극도로 두려워하는 타입입니다. 저와 함께 있을 때도 끊임없이 뭔가 말을 하려 합니다. 들을 내용도 딱히 없는 이야기만 골라서요.

그는 고객과 있을 때 가능한 한 침묵이 흐르지 않도록 신경 쓰고 있습니다. 그리고는 고객이 잠깐 생각을 하기 위해 침묵할 때, 불안해하며 보통 무의식적으로 가격을 인하하거나 추가 서비스를 한다는 말을 던져버립니다. 이익을 양보하는 가격인하는 꼭 필요하다고 확인되지 않으면 하지 않는 게 좋습니다. 그래서 저는 그에게 이런 조언을 했습니다.

"상대가 생각할 시간을 주는 것도 고객을 위한 행동입니다. 불안해하지 말고 조용히 기다려주세요."

며칠 뒤, 그를 만났을 때, 제게 기쁘게 실험 결과를 알려줬습니다.

S씨 : "열심히 침묵했더니 좋은 결과가 있었어요!"
나 : "그래요, 잘됐네요."
S씨 : "네, 처음엔 떨려서 저도 모르게 말이 튀어나올 뻔 했는

데 꾹 참았어요. 침묵이 어색했던지 고객이 먼저 질문하고 자신이 어떤 게 필요한지 확인시키는 말들을 하기 시작했어요."

나 : "잘됐네요."

S씨 : "저는 필요한 말만 하고 입을 닫았을 뿐인데 평소와는 다른 상황이 펼쳐졌죠. 고객 스스로 상품을 부탁하는 것 같은 분위기로 판매가 성사됐어요! 거기다 가격도 그대로 유지하면서요."

얼마나 많은 말을 하느냐 보다 태도가 중요합니다. 당당한 자세로 침묵할 줄 안다면 고객에게 침착하고 믿음직한 세일즈맨처럼 보일 것입니다.

반대로 침묵을 하더라도 불안에 떠는 모습을 보이면 자신감 없고 믿음직스럽지 못한 세일즈맨이 되고 맙니다. 이제 어떻게 해야 할지 명확하지요? 특히 어떤 것에 대해 질문한 후에는 나하고는 상관없다는 듯한 달관한 표정으로 기다려보세요. 이런 자세의 효과를 체험을 통해 알게 된 S씨는 그 후 저하고 있을 때도 수다를 떨지 않았습니다. 세일즈맨으로서 한층 성장한 느낌이었습니다.

3장
모든 것은
마음에 달렸다

영업이 바뀐다.

고객이 바뀐다.

결과가 바뀐다.

8

영업 업무에 임하는
바른 자세

모든 행동은
나보다 상대를 위해

저는 이 책의 테마인 4단계 영업상담 기술을 세미나에서 이야기 할 때, 반드시 준비해 두는 것이 있습니다. 바로 과자입니다. 초콜 릿이나 쿠키 같은 달달한 것들 말이죠. 제가 먹기 위해서가 아닙니 다. 세미나 도중에 누구에게나 나눠주기 위해 가져가는 것입니다.

4단계 영업상담 기술은 그다지 새로운 것은 아닙니다. 그러나 대 화 국면에 따른 단계를 명확히 한다는 것과 이 단계들을 연결 지 어 설명한다는 점에서는 신선하게 다가올 것입니다. 세미나 참가 자는 단시간에 집중해 이런 내용을 공부하기에 다소 피곤해할 수 있습니다. 물론 기분 좋은 피로감이라고 저는 생각하고 있지만 말입니다.

바로 이럴 때에 달달한 과자를 입에 넣으면 뇌가 활성화돼서 집중력이 늘어납니다. 강연 중간에 휴식시간을 넣어 긴장도를 늦추면 새로운 지식을 뇌에 쉽게 적응시키는 효과도 노릴 수 있습니다.

여러분도 차 한 잔 하면서 뇌를 쉬게 한 뒤, 이 장을 읽어주시길 바랍니다.

이 장에서는 4단계 영업상담 기술 전체를 받치고 있는 기초 사항을 전해 드리도록 하겠습니다. 기술적인 부분이 아닌 영업인으로서의 마음가짐에 관한 부분입니다. 남다른 마음가짐으로 상담에 임하면 보다 더 높은 확률로 성과를 낼 수 있을 것입니다.

영업을 하다 보면 이런 고민을 하게 되는 순간들이 있습니다.

'이 말을 할 타이밍이 적절한가?'
'이 자리에서 어떤 태도를 보여야 하지?'

영업이란 것은 역시 고객이 있어야 존재하는 것입니다. 그렇기에 아무리 해도 세일즈맨이 생각하는 대로 되지 않을 때가 있습니다. 예상 밖의 일도 일어납니다. 옆에 의논할 만할 상사도 없는 경우라면 세일즈맨 개인이 그 자리에서 판단해야 할 때도 많을 것입니다.

제대로 된 판단기준이 없다면 매번 일일이 고민해야겠죠?

만약, 어느 지점에서 틀린 판단을 한다면 고객으로부터의 신뢰가 떨어져 평소에 팔 수 있는 것도 팔지 못할 수 있습니다. 따라서 반드시 이런 판단기준을 세우길 바랍니다.

"모든 행동은 고객을 위해서 한다."

시점을 자신이 아니라 고객에 두는 것입니다.

'물건이 팔릴까?'와 같은 자신의 이해利害를 기준으로 판단해서는 안 됩니다. 상대에게 이익을 주는지를 기준으로 해야 합니다. 이런 태도는 '손님이 왕이다' 내지는 고객제일주의와 같은 종류는 아닙니다. 고객뿐만 아니라 세일즈맨에게도 이익이 있어야 합니다. 한쪽이 손해를 보면 안 된다는 이야기입니다. 모든 행동을 고객을 위해 한다는 제 말의 의미는 구체적으로 이런 고민을 바탕으로 합니다.

- 고객의 이익과 연결되는가?
- 고객의 손해를 방지할 수 있는가?
- 고객의 업무 효율을 높이는가?

● 고객의 기분을 좋게 하는가?

이런 의문을 기준으로 행동하면 어떤 자리에서도 자신감을 갖고 행동할 수 있음과 동시에 고객의 반응도 확연히 달라질 것입니다.

히어링을 할 때도 고객 중심의 사고를 바탕으로 말해야 합니다.

"실례일 수도 있지만, 예산에 대해 정확하게 알려주세요. 가능한 귀사의 요구에 맞는 제안을 하고 싶어서요."

이와 같이 고객을 위해서라는 게 기준이 되면 질문도 확실하게 할 수 있습니다. 이런 자세를 보고 고객도 쉽게 진심을 이야기해 줄 것입니다. 서로 무슨 꿍꿍이가 있나 하고 알아채려는 것보다 훨씬 긍정적이고 부드러운 상담이 될 것입니다. 영업을 위한 상담이 아니더라도 어느 자리에서든지 이런 대화를 연습해 보시길 바랍니다.

눈앞의 사람에게
집착하지 말라

세일즈맨은 고객을 눈앞에 두면 보통 그 사람에게만 영업을 하게 됩니다. 일종의 조건반사랄까, 너무나 익숙한 반응입니다. 이런 세일즈맨을 만나면 아무래도 고객은 경계하게 되겠죠? 이것도 똑같은 조건반사입니다.

이와 같이 팔고 싶은 사람과 팔리고 싶지 않은 사람이 같이 이야기를 하면 애초부터 잘 맞을 리가 없습니다. 때문에 보통의 영업 기술은 경계심을 가질 수밖에 없는 고객을 설득하는 데 중점을 두고 있습니다. 그래서 본심을 감추려는 고객과 그것을 끄집어내 거래를 성사시키고 말겠다는 세일즈맨 사이의 대화가 되고 맙니다. 조금만 생각해 봐도 일그러진 커뮤니케이션임을 알 수 있습니다.

가능하면 고객의 꿍꿍이를 찾는 것이 아니라, 인간 대 인간으로서 서로 속을 다 내보이는 관계가 되고 싶은 마음이 드는 것은 저뿐만이 아닐 겁니다. 순수한 마음으로 알찬 상담을 하고, 서로 투명하게 대화를 나누고 싶은 마음은 세일즈맨뿐만 아니라 대부분의 고객도 그렇습니다.

4단계 영업상담 기술은 세일즈맨은 물론 고객도 진심으로 이야기하는 것을 기본 철학으로 하고 있습니다. 이를 위한 중요한 포인트는 눈앞의 사람에게 팔려고 하지 않는 것입니다.

이상한가요? 영업 같지 않은가요?

괜찮습니다. 이 마음가짐으로 임하는 것만으로 고객의 경계심이 사라져 결과적으로는 상품을 팔기 쉬워지기 때문입니다.

"오늘은 딱히 물건을 팔려고 온 것이 아닙니다."
"천천히 보시고 사지 않으셔도 괜찮습니다."

처음부터 이렇게 말을 하면 고객은 강매 당하고 싶지 않은 방어벽이 사라집니다. 그렇다면 솔직하게 상품의 좋고 나쁜 점을 검토

마음을 흔드는 영업의 법칙

하기 때문에 필요하면 사겠다고 말하게 되는 것이죠.

그 자리에서 사지 않는 사람도 있지만 그것으로 만족해야 합니다. 고객의 의사를 존중하도록 합시다. 어차피 어떤 방법을 써도 상담하는 상대 모두 상품을 사주지는 않습니다.

영업상담은 세일즈맨이 판매를 하는 자리가 아니라 고객이 상품을 살지를 확인하는 자리입니다. 처음부터 판매만 바라보고 달려가면 그다지 판매 효율이 좋지 않습니다. 좋은 인상만 남기면 그 자리에서 팔지 못하더라도 앞에서 언급한 것과 같이 다음 기회가 생길 수 있습니다.

눈앞의 사람에게 판매하고야 말겠다는 의지에만 집착하지 않는다면 서로 어깨에 힘을 빼고 진심으로 대화를 나눌 수 있을 것입니다. 이것이 서로 간에 가장 이상적인 관계라고 생각합니다.

고객의 기분을
마음대로 단정짓지 말라

전에도 말했지만 사람의 마음을 읽는 것은 어느 누구도 간단히 할 수 있는 게 아닙니다. 그런데 많은 세일즈맨이 포기하지 않고 덧없는 시도를 하고 있습니다.

저도 예전엔 그렇게 생각했습니다. 상대의 생각을 미리 읽어 대응하면 대화가 쉬울 것이라고요. 그래서 고객이 무슨 꿍꿍이를 꾸고 있는지를 파악하려고 애썼습니다. 상대의 꿍꿍이를 알아채기 위한 시도의 바탕엔 상대가 하는 표면적인 말은 거짓일 수 있다는 불신을 깔고 있습니다. 거짓말의 배후를 밝혀내지 않으면 팔지 못할 거라는 전제가 깔려 있는 것이죠.

그래서 처음부터 의심하고 끊임없이 상대의 마음속을 훔쳐보려 합니다. 상대가 이런 태도를 보인다고 합시다. 여러분도 비슷한 입장이 될 수밖에 없습니다. 고객도 질세라 세일즈맨의 의중을 떠보게 됩니다. 대화 중에 나오는 말의 의미 뒤의 또 다른 의미를 읽는 드라마 같은 일이 벌어지는 것입니다.

과거의 저도 이런 경험이 많았습니다.

강조하지만 사람의 마음속은 어림짐작으로 짚을 수 없습니다. 그런데 저조차 예전엔 상대의 기분을 마음대로 상상해서 정해버리는 실수를 수없이 했습니다.

나 : "기능이 거의 같다면, 가격이 저렴한 쪽이 좋다고 생각하시죠?"

고객 : "아무래도 그렇겠죠."

나 : "저희 제품은 타사 제품과 기능은 거의 차이가 없지만 가격은 조금 저렴하니 이득입니다."

고객 : "흠. 그런데…"

나 : "만약 긍정적으로 검토해 주신다면, 여기서 좀 더 가격을 내릴 수도 있어요."

고객 : "…"

나 : "어떠세요? 가격인하 캠페인도 이번 주까지니까 가능하면 빨리 결정해 주시길 바랍니다."

고객 : "자꾸 가격 얘기를 하시는데. 저기 있잖아요. 저는 딱히 가격에 집착하는 게 아니에요."

나 : "네?"

고객 : "비싸더라도 고장이 적은 쪽을 고르고 싶어요."

나 : "아, 그러세요. 그렇다면 저희 상품은…."

고객 : "아니, 됐어요. 그쪽 회사 것은 사지 않을 테니 돌아가세요."

대실패였습니다.

이런 실수를 반복한 뒤 비로소 알게 됐습니다. 저는 사람의 기분을 정확하게 읽어내는 것이 불가능하다고요. 여러분도 마찬가지일 것입니다.

상대의 마음을 어렴풋이 짐작할 수는 있지만 그 그림이 조금이라도 틀리면 큰 실수를 저지를 수 있습니다. 상대의 입에서 진심을 끌어내는 데 집중하는 것이 가장 확실한 방법입니다. 이런 방법으로 제 행동을 바꾼 결과, 계약 성사율이 달라졌습니다.

고객의 마음을 맞히는 것은 우수한 세일즈맨이 아닙니다. 고객 스스로 자신의 기분을 말하게끔 하는 사람이 우수한 세일즈맨입니다.

만약 상대가 말하려고 하는 것을 알았다고 해도 먼저 말해서 맞히지 마십시오. 조용히 상대의 입에서 나올 때까지 기다리도록 하세요. 그것이야말로 상담을 결정짓는 키워드가 되기 때문입니다.

진심에서 나오는
추천

    눈앞의 상대에게 지나치게 매달리지 않는 태도가 중요하다고 앞서 말했지만, 모든 법칙이 그렇듯 예외는 있습니다. 상대가 머뭇거리고 있을 때 때론 강하게 구매를 권해야 할 때가 있습니다.

    이 경우 여러분은 제게 이렇게 질문할 수 있습니다.

    "왠지 강매도 때에 따라서는 하라는 말 같은데, 지금까지의 말과 모순된 것 아닌가요?"

    아닙니다. 고객을 위해 생각한 행동이니까요.

    히어링 단계에서 상대의 본심을 들었다면 '이 사람에게는 자신의 상품이 가장 적합하다'고 생각될 때가 있습니다. 팔고 싶은 마음에서가 아니라, 타사 상품과 객관적으로 비교해서 자신이 다루는 상품이 이 고객에게 가장 잘 맞는다고 판단될 때죠. 이럴 때 상대가 아직 고민하고 있다면 고객을 위해서 강하게 추천해야 합니다.

"저는 평소에 별로 강하게 추천하지 않지만, 이 상품만은 손님에게 정말 딱 맞는 상품이라고 자신하고 추천합니다. 꼭 사셔야 됩니다!"

이 말은 '이걸로 팔았으면 좋겠다' 같은 마음이 조금이라도 들어가면 금방 들통나고 맙니다. 어디까지나 상대를 위해 추천한다는 것을 마음으로부터 전달하는 것이 포인트입니다.

4단계 영업상담 기술을 사용하면 항상 고객의 입장에서 이야기를 진행하므로 세일즈맨이 하는 말에 신용도가 올라갑니다(물론 그것이 목적이지만). 그러므로, 여기서 갑자기 강하게 추천한다고 해서 반감을 사지 않습니다. 오히려 세일즈맨이 그렇게까지 말한다면 믿고 사볼까 하고 생각합니다. 물론 처음부터 강하게 추천하는 상담이라면 아무리 해도 믿어주지 않겠죠?
"손님을 위해 강하게 추천합니다!"
이렇게 말할 수 있는 세일즈맨이 되길 바랍니다.

팔지 못하더라도
포커페이스를 유지하라

세일즈맨의 잘못된 습관 중 하나가 상대에게 거절당하면 실망한 얼굴을 하는 것입니다. 이것은 거의 모든 세일즈맨이 갖고 있는 습관이라고 생각합니다.

하지만 4단계 영업상담 기술에서는 만약에 거절당해서 돌아갈 때에도 실망한 표정을 지어서는 안됩니다. 실망했다는 것은 상대의 대답이 이쪽의 뜻과 달랐다는 것에 대한 유감이라는 의미입니다. 그리고 못 팔았다는 것에 대한 감정 표출입니다. 그런 세일즈맨의 표정을 본 고객은 어떻게 생각할까요?

'아, 역시 속으로는 팔고 싶었구나. 입으로는 팔려고 하는 것이 아니라고 해놓고는 좀 이미지가 안 좋네.'

애써 고객을 위해서라고 말하면서 신뢰를 쌓아왔는데 맨 마지막에 '흔히 있는' 세일즈맨의 얼굴을 한 것만으로 모든 과정이 물거품이 되고 마는 것이죠.

4단계 영업상담 기술에서는 고객이 거절했다는 것은 세일즈맨도 이미 거절당하는 것에 대해서 합의한 상태를 의미합니다. 이쪽에서 먼저 "거절해도 괜찮아요"라고 말해놓고, 진짜로 거절당하고 나니 실망한 표정을 짓는 것은 약속위반입니다.

"역시 안 사는 것이 좋겠어"라고 고객이 말하면, "그렇죠. 지금은 딱히 필요하지 않으니까요. 또 필요할 때 찾아뵙겠습니다"라고 답하고, 이럴 때일수록 웃는 얼굴로 돌아오도록 하세요.

매우 사소한 것일지 모르지만, 여기까지 철저하게 하는 것이 상담의 정밀도를 올리는 방법입니다. 영업할 때는 철저하게 하되 불필요한 과거의 습관은 없애도록 노력하기 바랍니다.

현재보다 미래를
우선시하는 태도

영업 업무는 결단의 연속입니다. 특히, 그 자리에서 혼자 정해야 하는 상담 자리에서는 신입이든 관계없이 고객을 눈앞에 두고 빠른 결정을 내려야 하는 경우가 종종 있습니다. 당연히 이때 어떻게 해야 할지 고민하는 사람이 많을 것입니다.

예를 들어, 고객으로부터 이런 제안을 받았다고 합시다.

"우리는 사원이 많으니까 이따가 PR(피아르)해 둘게요. 그러니 이건 반 가격에 해 줄래요?"

반 가격으로 할 만큼의 권한이 자신에게 없지만, 그다음에도 팔 수 있다고 생각되면 어떻게 해야 할까요? 고객은 바로 결단하길 바라고 있습니다. 하지만 상사에게 전화해도 회의 중이라 받지 않습니다. 생각만 해도 힘든 상황이겠지요.

이럴 때에는 하나의 판단기준이 있으면 바로 결단을 내릴 수 있습니다. 그것은 현재보다 미래를 우선시하는 것입니다.

바꿔 말하면, 이달의 매상보다 향후 3개월간의 전체 매상을 우선하는 것입니다. 자세히 말하면 자신의 회사에 있어 미래에 이익이 되는 쪽을 고르는 것입니다. 잠시 손해를 보더라도 더 큰 이득을 취하라는 말도 있습니다.

이 경우도, "알겠습니다. 그러면 샘플 하나를 무료로 제공하겠습니다. 그 대신 사원 분들 앞에서 상품을 PR할 자리를 마련해 주십시오"라고 말할 수 있습니다.

그러면 눈앞의 고객도 기뻐할 것이고 세일즈맨도 더 많이 팔 기회도 얻게 됩니다. 또, 무료로 샘플을 제공하면 "사용해 봤는데 꽤 괜찮다" 등 생생한 평가도 나올 수 있기 때문에 PR을 뒷받침해 줄 수도 있습니다.

이렇듯 미래를 우선시하는 기준을 세우면 어느 경우에도 순간적으로도 판단할 수 있습니다. 세일즈맨도 이것저것 고민해서 고객을 기다리게 하지 않아도 되고, 빠른 결정을 내리는 세일즈맨을 보고 고객도 그에 대해 두터운 신뢰를 가질 것입니다.

단, 여기서 문제는 세일즈맨이 사내규정을 무시한 채, 마음대로 판단해도 되는지 입니다. 보통 때와 같으면 사내규정위반입니다. 하지만 그 판단이 고객을 위하고 자신의 회사의 이익과 연결된다면 상사와 협의가 가능할 것입니다. 이것은 여러분의 평상시의 신뢰도와 사내영업력에 따라 달라지는 부분입니다.

"죄송합니다. 부장님께 연락했는데, 연결이 안 돼서 제 판단으로 정했습니다. 그래도 이 약속을 한 덕분에 다음에 전 사원 앞에서 프레젠테이션을 하게 되었습니다. 여기서 대량주문을 얻어내는 것을 목표로 하고 있기 때문에 이번 샘플 건에 대해서는 양해해 주셨으면 합니다. 부탁 드리겠습니다."

이 말을 듣고 부장이 여러분이 마음대로 결정한 것으로 판단할지, 아니면 '나이스 판단'이라고 인정할지는 여러분 본인에 따라 달라질 것입니다.

잘 파는 세일즈맨이란, 이와 같이 상사와의 타협도 제대로 할 줄 알아야 합니다. 회사의 이익에 공헌하려고 하는 태도가 흔들리지 않는다면 반드시 상사도 인정해 줄 것입니다. 그리고 그 마음이 가장 밑에 깔려 있기 때문에 4단계 영업상담 기술의 효과도 높아질 것입니다.

만약 눈앞의 이익만 우선하여 그 자리만 넘어가려고 미래의 일을 의식하지 않으면 고객과의 관계는 끊기게 됩니다. 그렇게 되면 톱니바퀴 같은 작업을 평생 하게 될 것입니다. 10년 후에도 같은 일을 할 수 있을지 상상해 보길 바랍니다.

저는 나이가 들어 베테랑이 될 때까지 그런 영업은 하고 싶지 않습니다.

- 눈앞의 매상에 집착하지 않을 것
- 항상 장기적인 시야를 갖고 천천히 제대로 고객과의 신뢰를 높이는 행동을 할 것

이런 식으로 영업 활동을 해서 고객과 양호한 관계를 유지하고, 베테랑이 되어갈수록 소개나 재구매를 하는 고객이 늘어가는 쪽이 좋겠지요.

이런 태도는 향후 매상까지 예상할 수 있기 때문에 회사 측에서도 환영할 만할 영업스타일입니다. 그 후의 승진과 처우도 기대해 볼 수 있습니다.

마지막으로 회사 측에 부탁 드립니다. 무슨 일이 있더라도 물건을 팔아오라는 영업스타일은 이제 개선해 주십시오. 세일즈맨도 고객도 고통스러울 뿐, 미래의 희망이 보이지 않습니다. 모두 기분 좋게 할 수 있는 영업스타일은 그 외에도 있습니다. 4단계 영업상담 기술은 또 다른 방법입니다.

마음을 흔드는 영업의 법칙

9

어떻게 신뢌받는
영업자가 될 것인가

고객의 "살게요"를
자연스럽게 이끌어내라

드디어 마지막 장입니다.

여기까지 어떠셨나요?

'잘 모르겠지만 할 수 있을 것 같아!', '내일부터 해 봐야지!' 이런 기분이 들었기를 바랍니다.

4단계 영업상담 기술로도 영업상담이 잘 되지 않았다고 해서, 4단계 모두 잘못됐다고 생각하지 않습니다. 그래도 한 부분 또는 여러 부분이 상담에서 이미 실행되고 있지 않나요? 수정할 부분은 아주 작은 부분일 뿐 그걸로 충분합니다.

잘 못 팔던 사람이 갑자기 잘 팔기 시작했다면 그 이유입니다. 제 자신도 리쿠르트에서 6개월이나 잘 못 팔던 시기가 있은 후에 갑자기 팔기 시작해서 그 후 4개월 만에 전국 최고가 되었습니다. 저뿐만 아니라, 주변에도 그런 사람이 많이 있었습니다.

제가 트레이닝한 사람들도 어느 날 갑자기 팔기 시작해서 그 후에도 꾸준히 호평을 받아 잘 파는 케이스가 여럿 있습니다. 수정할 부분은 하루 안에도 수정이 가능하기 때문에 결과도 빠른 것입니다. 스위치를 하나 켜는 것만으로 마치 다른 사람 같이 결과를 내는 것이 영업의 매력이기도 합니다.

각 단계의 역할을 이해하고 자신이 수정할 점을 알았다면 지금까지 뿌옇던 구름이 걷히고 흐렸던 시야가 환해질 것입니다. 그러면 자신의 행동 모두에 자신감을 갖고 저처럼 내성적인 성격의 인간이라도 당당하게 거래처에 갈 수 있을 것입니다.

어떤 질문에도 대답할 수 있도록 준비돼 있고, 상대의 반응에 바로 응할 수 있을 것입니다. 고민하지 않고 판단할 수 있는 기준을 갖고 있기 때문에 거래처에서 당황할 일도 없습니다. 이것이 영업 업무에 있어서도 마음에 여유를 가져와 고객이 자연스럽게 "살게요!"라고 먼저 말할 수 있는 조건을 충족시키는 것입니다.

- 못 팔던 사람도 갑자기 잘 팔기 시작한다.

- 그것이 계속 유지된다.

- 유지하면 할수록 영업이 즐거워진다.

4단계 영업상담 기술을 마스터하면 이런 이상적인 세일즈맨으로 바뀔 수 있습니다.

영업은 좋고 나쁨이
훤히 보인다

여기까지 읽었다면 이미 영업을 보는 눈이 달라졌을 겁니다. 잘 파는 영업과 못 파는 영업의 차이도 보였을 것입니다.

그것을 확인하는 의미에서라도 꼭 여러분 자신이 영업을 받아보십시오. 누구라도 괜찮습니다. 방문영업을 온 세일즈맨을 쫓아내는 것이 아니라, 조금이라도 이야기를 들어보십시오. 영업전화가 걸려와도 확인할 겸 예약을 하고 실제로 만나보는 것입니다. 관찰하면 그 세일즈맨이 우수한지 아닌지 바로 알아챌 수 있을 것입니다.

'아, 이 사람, 아이스브레이크도 하지 않고 갑자기 설명을 시작해 버렸네.'

'히어링도 하지 않고 설명을 하면 이렇게 듣기 힘든 거구나.'

그리고 다시 한번 실감할 것입니다. 4단계에서 떨어진 상담은 매우 듣기 힘들고 지겹다는 것을요. 반대로, 이 세일즈맨의 이야기는 듣기 편하다고 느꼈다면 제대로 4단계를 지켜가면서 이야기하고 있다는 것을 알 수 있을 것입니다.

또, 사내에 실적 좋은 세일즈맨에게 동행을 부탁해서 동료의 영업을 보는 것도 좋은 방법입니다. 본인도 설명하지 못한 잘 파는 이유가 여러분에게는 확실히 보일 것입니다.

이렇게 된다면 4단계를 마스터한 것과 다르지 않습니다.

자신이 상담할 때, '아, 안돼. 긴장해서 히어링을 건너뛰어 버렸어' 등 상담하는 중간에도 스스로 실수를 알아챌 수 있습니다. 그 자리에서 알아챘다면, 바로 수정할 수 있고 나중에 알아챘다 해도 반성하고 다음번에 하지 않게 됩니다.

'왜 오늘의 상담은 실패했는가?', '어째서 오늘 상담에서는 팔 수 있었는가?' 그것을 알았다면 기분 좋겠죠? 지금까지 감각으로 해 왔던 것이 명확해지므로 자신감을 갖고 효율적으로 일할 수 있을 것입니다.

지적하고, 공유하고,
다 같이 성장하기

결점이 명확해지면 지적도 정확하게 할 수 있습니다. 이것은 제가 매우 중시하는 부분이기 때문에 몇 번이고 강조하겠습니다.

종래의 영업스타일이 통용되지 않는 것을 가장 많이 느끼는 사람은 앞선 세일즈맨들입니다. 상사도 어느 정도 알고는 있겠지만 그래도 지금까지의 방법이 통한다고 생각하는 사람도 많이 있습니다. 이렇게 되면 상사와 부하 간의 온도 차가 발생합니다.

고객과 신뢰관계를 천천히 제대로 쌓고 싶은 부하와 어찌 됐든 빨리 결과를 내고 싶어 하는 상사가 있게 되는 것이죠. 그렇게 되면 역시 상사의 의견이 강하므로 세일즈맨은 자신의 의지와 반대되는(고객의 의지와도 반대되는) 강매를 하게 되어 결국 실패하게 되고 상사는 "영업력을 좀 더 키워!"라고 지시하는 것으로 끝나고 맙니다.

이렇게 되다 보면 영업을 길게 할 수 없을뿐더러, 아무리 지나도 실적이 늘지 않습니다.

여기서 4단계 영업상담 기술을 사용하면 실적이 없는 부하에게 명확한 지시를 내릴 수 있습니다. 지시를 받은 쪽도 납득할 수 있기 때문에, 바로 수정이 가능해서 결과도 빨리 나옵니다. 4단계 영업상담 기술이 아니라도 괜찮습니다. 다른 방법이 있다면 그것을 사용해도 상관없습니다. 어쨌든 상사와 부하가 공유할 수 있는 것을 하나라도 갖고 있는 게 중요합니다. 그러면 상사는 안심하고 부하를 고객이 있는 곳으로 보낼 수 있을 것입니다. 그리고 이것은 주변으로 퍼질 수 있습니다.

"오늘 이 자료를 가지고 클로징에서 사용했는데 엄청 편리했어."
"어, 그래? 좀 보여줘."

이런 느낌으로 동료와 공유하기도 쉬워지는 것이죠. 팔리는 패턴을 모두 사용할 수 있다면 영업부 전체의 수준을 끌어올리는

것도 순식간입니다. 회사에서 한 달에 한 번 멤버 간 정보교환의
자리를 갖는다면 모두 성장할 수 있는 흐름을 만들 수 있을 것입
니다.

되도록 이런 의사소통이 잘 되는 회사를 목표로 하길 바랍니다.

앞으로 열심히 해야 할
포인트에 집중하자

잘 못 팔던 시절, 저는 그래도 제 나름대로 열심히 일하고 있었습니다. 내 어투가 좋지 않아 팔지 못한다고 생각해서 말하는 연습에 시간을 투자하고 표정을 좀 더 밝게 해야 팔 수 있다고 생각해서 웃는 얼굴을 만드는 연습을 열심히 했습니다. 잘 파는 영업을 하기 위해서 제 나름대로 최선을 다했던 것입니다. 하지만 그래도 팔지 못했습니다.

그것은 열심히 해야 할 포인트가 달랐기 때문이라는 것을 지금은 알고 있습니다.

여러분이 정말로 열심히 해야 할 포인트는 어디입니까?

아이스브레이크? 히어링? 아니면 클로징입니까?

적어도 말주변이 없어서 그것을 열심히 하려고 하는 사람은 이 책을 읽은 사람이라면 없겠지요. 그렇습니다. 잘 못 파는 사람은 열심히 해야 할 포인트를 틀리는 경우가 많습니다. 성격도 용모도 말주변도 4단계 영업상담 기술에서는 관계없습니다.

자신이 지금까지 해 오지 않았던 부분은 이미 여러분이 알고 있을 것입니다. 이제 필요한 것은 그것에 집중해서 열심히 하는 것뿐입니다. 최선을 다했다면 반드시 결과로 나타날 것입니다.

또 하나, 어떤 영업에 있어서도 판매가 성립되는 것은 고객이 "살게요"라는 말을 뱉었을 때입니다. 영업은 파는 것이 아니라, 고객의 결단을 이끌어 "살게요"라는 말을 듣도록 하는 것입니다.

반드시 파는 세일즈맨이 아닌 "살게요"라는 말을 듣는 세일즈맨이 되길 바랍니다.

신뢰받는 세일즈맨이
고객의 지갑을 연다

드디어 마지막입니다.

여기까지 상담의 4단계에 대해 자세히 설명했습니다. 세일즈맨이 주체가 되어 상담의 흐름을 만들고, 세일즈맨이 해야 할 일이 명확해져서 누구나 결과를 낼 수 있도록 구성하였습니다.

달리 말하면, 잘 파는 세일즈맨의 상담방법을 분해해서 알기 쉽게 한 것입니다. 이것이 바로 4단계 영업상담 기술의 목적인데 마지막으로 잠재된 목적이 하나 더 있다는 점을 말씀 드리겠습니다.

바로 고객의 심리상태를 변화시키는 것입니다.

세일즈맨이 만나기 전의 고객은 경계심을 갖고 있습니다. 이후 아이스브레이크를 통해 '이 세일즈맨이라면 경계하지 않아도 괜찮겠다'고 생각하도록 만드는 것이죠.

여기서 '안심'으로 바뀝니다.

다음엔 히어링에서 상대의 본심을 끄집어내서 상대에게 딱 맞는 설명을 합니다. 판매를 하지 않고 상대를 위해 성실하게 프레젠테이션을 하는 것이죠. 그러면 고객은 '이 상품은 틀림없구나' 하고 상품의 좋은 점만 믿는 심리를 갖습니다. 여기서 '신뢰'로 바뀝니다.

그 후에, 살지 말지를 고민하면 세일즈맨은 자신이 준비해 둔 고민 제거를 위한 클로징을 할 것입니다. 이걸로 기분 좋게 살 수 있습니다. 고객은 기분 좋게 사게끔 해 준 세일즈맨을 신뢰하게 됩니다.

이 세일즈맨이라면 제대로 맡길 수 있겠다는 생각을 고객이 하게끔 하는 것. 이것이 4단계 영업상담 기술의 잠재된 목적입니다.

고객의 구매를 자연스럽게 유도하기 위해서는 판매 테크닉만으로 무리가 있습니다. 고객이 신뢰하기 때문에 자연스럽게 산다는 말이 나오는 것입니다.

고객과의 심리전을 그만두면 경쟁사와의 가격경쟁도 끝납니다.

여러분과 고객과의 관계를 강한 신뢰로 묶어주길 바랍니다. 그리되면 영업이 전보다 훌륭한 직업이라고 생각하게 될 것입니다.

여러분이 내일부터 밝은 얼굴로 영업에 나갈 모습을 떠올리면서 이쯤에서 펜을 놓겠습니다.

마음을 흔드는 영업의 법칙

영업의 열쇠는 진심에 있다

저는 어렸을 때, 사람의 얼굴색을 매우 신경 썼습니다. 다른 사람들이 나를 안 좋게 생각하는 것을 극도로 두려워했습니다. '이런 짓을 하면 민폐를 끼치는 것이 아닐까?', '이런 것을 말하면 불쾌하게 생각하는 것은 아닐까?' 하며 자신의 기분보다도 타인이 나를 안 좋게 생각하지 않았으면 하는 마음이 더 컸습니다.

이런 제가 영업 일을 하게 되었을 때, 큰 벽에 부딪혔습니다.

"몇 번을 거절해도 끈질기게 매달려서 팔아 갖고 와!"

이 말에 정말 당해 낼 수 없었습니다.

고객의 기분보다도 매상을 우선하는 것이 영업의 일이라면, 그런 것을 저는 견딜 수 없을뿐더러, 고객에게 미움을 받고 싶지 않았습니다.

'무리하게 부탁해서 고객이 사는 것이 아니라, 고객이 먼저 사고 싶다고 말하게 하고 싶다.'

당시 이런 마음이 컸던 것 같습니다.

원래의 영업 상식에 의문을 가졌던 것도, 애초에 나와 맞지 않아서 다른 방법을 찾고 있었던 것입니다. 말하자면 '겁쟁이 사고'였습니다. 4단계 영업상담 기술은 그렇게 탄생한 저 나름의 결론입니다.

'거절하면 순순히 돌아가라'는 영업 방법은 과거 경기가 좋았던 시대에는 눈길조차 받지 못했겠지요. 지금은 일본생명보험이나 미츠비시도쿄UFJ은행 등, 많은 세일즈맨이 있는 기업으로부터 주목받아 연수의뢰가 오게 되었습니다.

많은 기업에서 지금까지 좋게 생각되던 영업이 이제 더 이상 통용되지 않는다는 것을 인지하고 있습니다. 저 또한 매해 실감하고 있습니다. 그러니 이제 슬슬 무리한 영업스타일은 그만둬도 좋겠죠?

진심으로 세일즈맨도 고객도 기분 좋게 상담할 수 있기를 바랍니다.

마지막으로 말씀 드리면, 영업은 어떤 사람이라도 결과를 낼 수 있는 직업입니다. 그리고 영업은 미래의 가능성을 크게 넓혀갈 수 있는 힘을 갖고 있습니다.

저 또한 인생이 크게 달라졌습니다. 이제 여러분 차례입니다.